JN439932

약, 꽃으로 피다

약,
꽃으로
피다

서영희 수필집

세종출판사

글머리

첫 작품집을 발간한지 7년이 지났습니다. 그동안 참 많은 일들이 있었습니다. 병이 진행되어 뇌심부자극술(DBS)을 받았고, 지난 3월엔 배터리를 갈아 끼우는 2차 수술을 하였습니다. 기계의 명령에 순종하며 조심스럽게 하루들을 보내는 중입니다.

수술은 저로 하여금 좀 더 좋아질 수 있다는 희망과 함께 극복하기 어려운 트라우마도 주었습니다. 몇 년 동안 혼신을 다해 전압 조절에 매달렸습니다. 그러나 이곳이 좋으면 저곳이 나빠지고, 저곳을 맞추면 이곳에 탈이 나는 상황이 계속되었습니다. 지치고 화가 나고 슬프고, 감정의 소용돌이에 휘말려 초주검이 되기도 했지요. 겪어봐야 깨닫는 미련퉁이였기에 이제야 그것들조차 욕심이었다는 걸 인정합니다. 무력한 자기변명인지는 모르지만, 항복이 아닌 순응이라고 오늘의 저를 말하고자 합니다.

지금 저는 잘 걷지 못합니다. 오랜 시간 아팠지만, 신은 제게만 혹독하지는 않을 거라고 믿고 싶습니다. 그동안 아프다는 핑계로 밀쳐두었던 글을 다시 매만집니다. 최소한 1집보다는 더 좋은 글로 채워야 한다는 강박이 없지는 않지만 솔직히 그럴 자신은 없습니다. 어렵거나 화려한 수사보다는 병이 제게 가르쳐 준 것들을 진솔하게 풀어내었습니다. 누군가에게 위안이 될 수 있다면 더할 나위가 없겠지만, 적어도 제 자신에게만은 크나큰 위안이 될 것이기에 졸필 앞에 용기를 내었습니다.

저를 부축하느라 함께 흔들리고 함께 넘어지면서도 매순간 기댈 언덕이 되어주는 남편과 아들에게 고맙다는 말을 전하고 싶습니다.

- 2023년 칠월의 어느 날 -

차례

2부

약, 꽃으로 피다

3부

병상일기

4부

쓸쓸함을 위한 묵상

저기 저곳, 황금빛 들판을 지나가면 내가 곧 풍경이 되는 곳.

바람이 되고 물결이 되기도 하는 곳.

언덕배기 바위에 앉아 바다를 보며 노래하는 곳, 나의 이니스프리.

1부

나의 농막으로

술맛, 살맛

농사짓는 재미가 쏠쏠하다는 언니를 따라
해거름 길게 누운 햇살을 밟고 논둑길을 걷는다
어제 심었다는 고구마와 고추 모종이 제법 실하다
푸르게 잎 올리는 감자를 보며
감자를 캐면 얼마나 재밌을까 생각는다

빈 밭에 무성한 돌미나리 베고
과수나무 밑에 자란 아욱과 쪽파 뽑아 들고
비탈진 언덕에 서 있는 두릅을 따러 가니
풀숲에 엎드려 있던 까투리 후두둑 날아오른다
어미가 품다 간 알 하나, 식을세라
걸음을 재촉하고
막걸리 한 병 사 들고 돌아오는 길
서쪽 하늘 붉은 노을이 눈물나도록 아름답다

돌미나리 데쳐 무치고 두릅은 튀김을 한다
쪽파 곱게 썰어 간장 만들고 된장을 풀어 아욱국을 끓인다
아따! 안주 좋아 술맛 난다
한 잔 들이켜면 세상 근심 저만치 비켜 앉는다
덩달아 살맛난다

술, 고프다

어지러운 마음을 갖고 글 앞에 앉아본다
글은 안 되고 갑자기 술이 고프다
글이 뭐라고 싶다가도
이 짓마저 안 하면 뭘하며 살 것인가
끼적끼적 백지를 채운다
아픈 사람이 몸이나 챙기며 살지
날아드는 지청구에 그래야지 하다가도
그게 뭐 사는 건가
그깟 몸뚱이가 뭐라고, 내 몸 내 몸 하며 사나 싶다

장난 같은 글을 글이라 써놓고는
술 고프다 하고 적어본다
괜찮다, 괜찮다
지인들의 찬사에 없는 용기를 끄집어내고
얼굴 두꺼워져야겠다고, 그래야 살아낼 수 있다고

내가 나를 부추긴다
그런데도 자꾸 불안하고 부끄럽다
뭘 잘못하는 것 같아 술 고프다
내 것이 아닌 것
내 길이 아닌 길을 무모하게 바라는 건 아닌지
잡지도 못하고 놓지도 못하는
내 심사가 어지러워 술만 자꾸 고프다

어쩌면
곧 무너질 것들을 사랑하는 듯도 하여

가을 즈음에

이번 가을은 고요히 오지 않으려나 보다. 바람과 더불어 많은 비를 동반했다. 전국의 여러 곳이 침수되는가 하면, 부산에서는 눈 깜짝할 사이에 해일이 방파제를 넘어 해운대 마린시티 아파트까지 밀려오는 사태가 벌어졌다고 뉴스는 전한다.

나는 정비소에서 엔진오일을 갈면서 그 소식을 들었다. 수직으로 떨어지는 비를 보며 비가 참 정직하게 오노라고 칭송을 하고 있는 중이었다. 작은 나라, 좁은 도시 안에서도 이렇듯 기후가 다르다니. 새삼 내가 살고 있는 세상이 요지경 속

같다는 생각이 든다.

조물주의 힘인가 싶어 하늘을 올려다본다. 언제 비가 왔냐는 듯 드높고도 청명하다. 어느새 가을이 왔구나. 혼잣말을 중얼거리고 보니 유난히 뜨거웠던 여름도 물러가고 있는 것 같다. 가고 오고, 오고 가는 계절의 순환이 이렇게 요란스럽다.

그러고 보니 그렇게 시끄럽게 울던 매미도 울음을 그쳤다. 밤낮없이 부릉거려 악담이 절로 나오게 하던 우리 동네 폭주족들도 해산하였는지 요즘 들어 조용하다. 수시로 창을 넘나들던 아이들의 왁자지껄한 소리들도 수굿해졌다. 소음이라고 일컬었던 모든 소리들이 어느새 물러나고 없다.

집으로 돌아오는 길, 노포동 꽃시장에 들러 봉오리만 맺은 국화 화분을 두 개 샀다. 보도에 떨어진 은행알도 몇 개 주워 왔다. 나의 가을맞이 준비인 셈이다. 한동안 매일 아침 국화에 물을 주면서 가을이 선사하는 여러 가지 색깔을 만끽할 것이다. 그것이 가을을 즐기는 나의 소소한 몸짓이다.

여름은 소리가 세상을 지배하고 가을은 색깔이 세상을 지배한다. 짙푸르기만 하던 들판이 서서히 황금빛으로 익어가는 모습, 노랗게 보도에 깔리는 은행잎, 붉게 물드는 단풍, 여름의 그 축축한 물기를 말리는 바람, 길게 그림자를 내려놓는

산을 보노라면 만상이 저마다의 색을 갖고 있음을 깨닫게 된다. 이 아름다운 세상에서 오래 살고 싶다. 그렇잖아도 세상이 노인 천국이라 불리는 마당에 나까지 보태자는 욕심 같아서 낯이 붉어지기는 하지만.

여름이 시퍼렇게 날을 세운 계절이라면 가을은 분기를 가라앉혀 차분해진 계절이다. 청춘의 계절이 여름이라면 가을은 중년의 계절, 봄이 새큼 달콤한 겉절이 같은 계절이라면 가을은 잘 숙성된 포도주 같은 계절이 아닌가 생각된다.

하루를 절기로 나누면 봄은 아침이고, 낮은 여름이고 저녁은 가을이다. 시간으로 치면 해 넘어가고 붉은 잔영만 남은 박명의 시간이 아니겠는가. 박명의 시간이란 젊은이의 미숙함도 노인의 주름살도 감춰지는 시간, 꿈을 가진 자도 꿈을 접은 자도 느긋해지는 시간이다. 그렇다한다면 나는 다분히 가을 즈음의 여자라고 억지를 부려본다.

가을이 온다. 출렁이던 내 감정을 가지런히 조율해주고 바깥으로 돌던 마음을 조금씩 안으로 모아 숙성시키는 계절, 나는 부패했는가, 발효되었는가, 하고 스스로에게 묻게 되는 계절, 한번쯤은 나를 돌아보며 온전히 나를 위해 기도하고 싶은 계절이다.

좋은 계절은 아쉽게도 쉬 지나가나니. 낙엽 따라 바람 따라 물결 따라 빠르게 흘러갈 것이다. 한 번 가면 뒤돌아 흐를 줄 모르는 강물처럼, 우리네 시간도 가면 되돌아오지 않는다. 가을이 가기 전에 어디론가 가고자 하는 사람이 있다면 두 번 생각하지 말고 떠나라고 말하고 싶다. 노년의 시간은 나이만큼 가속도를 내며 달린다지 않던가. 더 늦어지기 전에 외로운 보헤미안이 되어 보는 것도 나쁘지 않으리라.

그러나 잎새 떨어진 나무들 사이를 걷노라면 살아온 날들이 조금씩 쓸쓸해지는 계절이기도 하다. 그 쓸쓸함을 동무하며 내게서 떠나간 것들에 대한 그리움이 차곡차곡 두께를 더하는 계절도 가을이다. 그렇게 하나둘 생겨나는 여백에 고요히 침잠하는 법을 깨달아가는 삶의 가을 속에 나도 서 있다.

아! 가을이다.

기억 지우기

1

코로나 19가 일상을 무너트리더니 사람들이 마구 죽어나간다. 현미경으로 보여주는 바이러스의 모양이 내 눈엔 꽃잎 같건만 어찌하여 그토록 강한 독성을 가졌는지. 이러다 인류가 멸망하는 건 아닌지 모르겠다.

코로나라 하면 어릴 적 막내삼촌이 신작로에서 코로나 택시를 타고 가던 장면이 먼저 떠오른다. 삼촌은 "희야, 할매 보거든 삼촌 군대 갔다 캐라이." 하고 쿨 하게 손 흔들며 떠나갔다. 그때는 귀한 택시라 나도 한 번쯤은 타보고 싶었는데, 같은 이름을 달고 나타나서 이렇게 사람들을 공포로 몰아넣다니. 삼촌이 타고 떠났던 그때의 코로나처럼 가볍게 굿바이하며 눈앞에서 사라졌으면 좋으련만.

학생들이 휴교에 들어가고, 마스크를 사기 위해 약국 앞에 긴 줄을 서는 진풍경이 생겨났다. 그 많던 사람들은 모두 어디로 간 것인지, 거리에는 인적조차 드물다. 약속이 보류되고 모임도 취소된다. 세상은 더 없이 고요해졌다. 아이들을 실어 나르느라 아파트 광장을 들락거리던 노란 봉고 차가 발길을 끊고, 언젠가부터 엘리베이터 안에는 손 소독제가 비치되었다. 만나면 반갑다고 인사하던 입에는 침묵의 자물쇠가 채워지고, 서로가 서로에게 겨울처럼 냉랭하게 경계의 눈빛을 쏘아댔다. 매스컴은 연일 거리 두기를 외치고, 가족들조차 음성과 양성이라는 또 다른 음양의 이치로 격리를 강요당했다. 그 사이, 봄은 저 홀로 왔다가 저 홀로 눈부시게 꽃을 피우곤 싱겁게 돌아섰다.

세상이 잔뜩 숨을 죽이고 정적만이 흐른다. 동래 먹자골목을 가득 채우던 사람들은 어디에서 무엇으로 허기진 마음을 채울까. 거리는 조용하고, 조용한 거리는 유령의 도시처럼 낯설다.

우린 이미 문명이라는 물결에 너무 많이 떠밀려 왔는지 모르겠다. 돌아가는 길을 잃어버릴 만큼, 아니, 어쩌면 이미 잃어버린 건지도 모른다. 바쁜 일상을 핑계로 돌아가는 길의 기억을 애써 지워 버린 건 아닐까.

2

한숨 푹 잤다 생각하고 일어나니 새벽 1시가 조금 넘었다. 며칠 전에 보다만 수필집이 있어 펼치다보니 한 권을 다 읽었다. 내 나이 정도 되어 보이는 여자가 일상에서 일어나는 소소한 감정의 변화를 적어 놓은 책이다.

내 나이 정도란 건 인생의 쓴맛 단맛을 어느 정도 아는 여자라 특별히 신선하게 다가올 것도 없고 그렇다고 나쁠 것도 없는 그저 그런 연배라는 뜻이다. 읽는 사람에 따라 느낌이 다르겠지만, 내겐 공감되는 부분이 많아 끝까지 페이지를 넘겼다.

오랜만에 책으로 밤을 새고 보니 괜히 뿌듯해진다. 내용을 떠나 집중해서 읽은 나 자신이 대견하다. 최근 몇 년 동안 책 한 권 제대로 몰입해서 읽은 적이 없다. 굳이 변명을 하자면 늘 바빴기 때문이다. 날씨가 너무 좋았고, 햇빛과 바람이 너무 부드럽고 따듯했기 때문이다. 그 모든 상황들이 나로 하여금 가만히 집에 앉아 책과 노닥거리도록 내버려두지 않았다.

밖에 나가야만 내 삶이 채워지는 건 아니다. 아니, 어쩌면 차분히 책을 읽으며 앉아 있는 것이 삶을 더 윤택하게 하고 보람 있게 할 수 있을지도 모른다. 그러나 그건 너무 지루하고 답답하다.

컨디션이 좀 좋다 싶으면 밖으로 나간다. 산을 오르든지, 친구를 만나든지, 그날그날 다르다. 그냥 내버려두기엔 바깥 세상이 너무 아깝지 않은가. 그래서 내 눈은 항상 밖을 향해 켜둔다. 이 아름다운 세상을 볼 수 있는 날이 많이 남아있지 않으리란 생각에 잠시도 가만히 있지 못한다. 세상을 활보하다보면 잠깐이나마 아픔을 망각할 수 있기에 몸이 녹초가 되도록 움직인다.

사는 것이 살아내는 것으로 바뀌고 난 후부터 더욱 그랬다. 애써 태연한 척 하며 살았다. 아니, 대범한 척 했다. 그걸 굳이 가식이라고 말하지 않을 참이다. 그 또한 나였기 때문이다. 그때는 그것이 최선이라고 생각하며 상황에 맞춰 살았을 것이다. 지나간 일을 두고 이러니저러니 해 본들 무슨 소용이 있겠는가. 지나온 것들 치고 아름답지 않는 것은 없다. 그게 비록 상처일지라도. 상처의 추억은 애써 기억하지 않으려한다. 기억하지 않으려 한다고 기억되지 않겠는가마는 아픔이 옅어지는 만큼 기억도 옅어질 것이다.

3

설거지를 안 한 지 오래다. 낮엔 요양사의 도움을 받지만 그 외에는 남편의 몫이다. 설거지를 하느라 조금만 서 있으면 허리가 끊어질 듯 아프다. 내 나이엔 다 그렇지 하고 말지만 견디기 힘들다.

이 병원 저 병원 다니며 도수치료니 견인치료니 해봤지만 별 효과가 없었다. 할 수없이 체형교정센터까지 가는 지경에 이르렀다. 기우뚱해진 몸이 육안으로도 선명하다. 몸으로 하여금 정상일 때를 기억하게 만들어야 된다고 한다. 한쪽 신발의 깔창까지 높이며 갖은 노력을 해보는 중이다.

새벽 일찍 일어나는 나는 곧장 산책하러 나간다. 나는 걷는 것을 무척 좋아한다. 특히 아침 청량한 공기를 마시며 걸을 때 행복하다. 온갖 새들의 지저귐에 귀를 열고 따스한 햇살을 온몸으로 받으며 걸을 때 진정 살아있음을 느낀다. 그러던 내가 이젠 잘 걸을 수 없다. 누구의 도움 없이 혼자 나가는 게 두려울 만큼 힘이 든다. 결국 집안에서 지내야 하는 시간이 점점 많아질 수밖에 없다. 무엇이든 "할 수 있다" 에서 "할 수 없는 것도 있다"고 한 걸음 물러서서 조금씩 마음의 정리를 해야 한다는 말이다. 부정할 수 없는 현실 앞에서 내가 할 수 있는 것은 그것들을 순순히 받아들이는 것 밖에 더 있으랴.

젊은 날엔 안 가 본 길을 가 보고 싶어 했다. 저 언덕 너머에는 무엇이 있을까, 항상 궁금했다. 파랑새로 상징되어지는 추상적인 것이 아닌, 강이나 들판 같은 것이 있을 거라고 생각되어져 달려 가 보곤 했다. 그럴 때마다 난 로버트 프로스트의 '숲 속에 두 갈래 길이 있었습니다'라는 「가지 않은 길」이란 시를 떠올리곤 했다.

낯선 길에 대한 막연한 동경인지, 궁금한 것을 못 참는 성격 탓인지 모르겠지만 한 곳에 오래 머무르지 못했다. 이사를 많이 다닌 것도 어쩌면 그런 맥락이었는지 모른다. 현실에 만족하지 못하고 끝없이 길에 대한 욕망에 휘둘려 살아온 것은 아닌지.

이제 정말 눈을 안으로 돌려야 할 때라는 생각이 든다. 조금은 객관적이고 냉철하게 나를 주시하자. 늙고 병들고 죽는 것이 인간에게 주어진 자연의 법칙이고 삶의 수레바퀴거늘.

기실 따지고 보면 아프지 않았던 날이란 없었다. 몸이 아프지 않았던 젊은 날엔 온갖 청춘의 열병으로 아팠고, 결혼 후엔 또 다른 생활의 불편함과 사람 간의 불협화음으로 갈등하며 아팠다.

생각하기 나름이다. 어쩌면 지금이 나에게 주어진 가장 행복한 시간일지도 모르겠다. 필경 머지않아 더 나쁜 상황이 오리라. 그러기 전에 이것저것 정리를 한다. 나의 발자국, 나의 흔적이었던 시간들, 희망을 품으며 하루를 올곧게 버텨 내었던 시간들과, '나만 왜?' 하며 억울해 했던 시간들, 그 기억들을 애써 지운다. 그 후에 남을 무량한 시간들은 신의 영역이다. 그 영역에 나를 맡긴다.

달맞이꽃

강둑에 키 작은 달맞이꽃이 무더기로 피어있다. 저녁에 피었다가 아침이면 시들어버리는 하루살이 꽃이다. 기다림이라는 꽃말을 가진 달맞이꽃은 어릴 적 우리 집 화단에 무성하게 피던 꽃이기도 하다.

내가 처음으로 꽃이 피는 소리를 들어 보았던 꽃이 바로 달맞이다. 대부분의 꽃들은 언제 피고 언제 지는지 알 수 없다. 무릇 꽃이란 저 홀로 소리 없이 피었다가 소리 없이 지게 마련이다. 그러나 달맞이꽃은 소리도 모습도 다 들킨다.

여름날 저녁을 먹은 후 화단 옆에 평상을 옮겨놓고 초저녁

별이 뜨는 것을 지켜보고 있으면 '펵' 하는 소리가 들린다. 꽃망울이 터지는 소리다. 달맞이꽃은 넉 장의 꽃잎으로 돌돌 말려 있는데 처음 한 잎을 펼치고 나면 두 번째, 세 번째 잎이 펄럭이며 느리게 피어난다. 어떤 봉오리는 금방 꽃을 피우는가 하면 어떤 것은 꽃잎이 빨리 펴지지 않고 더디다. 때로 기다림으로 애간장을 태우곤 해서 손으로 억지로 꽃잎을 펴보기도 했다. 그러다 설핏 잠이 들었다 깨어 보면 캄캄한 밤하늘엔 수많은 별들이 강물처럼 흐르고 노란 달맞이꽃이 등불처럼 환하게 피어 있곤 했다. 어쩌자고 삼라만상이 다 잠든 밤에 그토록 처연하게 피어 어둠을 밝히는 것인지. 단 하룻밤 피고 마는 꽃이 애처롭기 그지없었다.

꽃의 유래를 보면 별들과만 놀던 님프들이 달을 사랑한 다른 님프를 질투한 나머지 제우스에게 말해 그 님프를 쫓아내어 죽게 하였는데, 죽은 자리에 노랗게 핀 꽃이 달맞이라고 한다. 캄캄한 밤에 피어 달이 뜨기를 기다리다 새벽이 오면 지고 마는 가없는 연모의 꽃이었던 셈이다.

우리 집에 피던 달맞이는 키가 크고 꽃도 컸다. 저녁은 수제비로 떼우는 가난한 형편이었지만 꽃밭엔 각종 꽃들이 피고 지고를 반복했다. 방학이라 큰언니도 오고 언니의 공부를 뒷

바라지 하느라 도회로 가 있던 엄마도 내려와 있어 행복했던 시절이었다.

언니는 부산에서 명문 중학교에 다니고 있었다. 시골에서는 좀처럼 가기 힘든 학교였다. 언니는 동생들에게는 자랑이었고 엄마에게는 희망이었다. 언니는 방학이 되어야 내려왔고 우리 여형제에게 노래를 많이 가르쳐 주었다. '날 저무는 하늘에 별이 삼형제, 반짝반짝 셋이서 지내이더니, 웬일인지 별 하나 보이지 않고 남은 별만 둘이서 눈물 흘린다.'는 방정환의 〈형제별〉도 그 중 하나였다. 어린 마음에도 그 노래를 부를 때마다 가슴 한편이 아리어왔다. 먼 훗날 다가올 불행의 예시 같아서였다. 홀로 남은 별이 꼭 나일 것만 같아 불안하기도 했다. 하늘에선 수많은 별이 우리 노래에 화답이라도 하듯 반짝이고 때때로 별똥별이 떨어져 내렸다.

할머니를 비롯한 여인네 다섯은 달맞이꽃처럼 한 남자를 기다렸다. 남자 없이 여인들만 사는 집, 아버지는 우리 모두의 달이였다. 대청마루 넓은 집에서 할머니와 엄마는 두루마기를 손보며 아버지를 기다렸고, 언니 둘은 밀린 공납금을 가지고 올 아버지를 기다렸다. 어린 나는 아버지가 참 예뻐했지만 엄마와 싸우는 아버지가 싫었다. 꺼칠한 턱수염으로 볼을 비비며 뽀뽀를 퍼부을 때면 몰래 찔러 주는 용돈 욕심에 싫은 내색을 하지 않았다.

무시로 남자의 손이 필요했지만 아버지는 늘 없었다. 아들을 낳은 작은 엄마와 다른 고장에서 살았던 아버지는 제사나 집안의 큰 행사가 아니면 만날 수 없는 존재였다. 내리 딸만 셋을 둔, 죄 아닌 죄로 그것을 묵인해야만 하는 것이 엄마의 운명이었다.

아버진 제우스보다 더한 권력의 소유자였다. 장손이라는 무소불위의 권력은 집안의 모든 대소사를 결정하고, 식구들 위에 군림하게 하는 특별한 계급장이었다. 어쩌다 오긴 했지만 항상 뭔가 트집을 잡아 식구들을 불편하게 만들었다. 그래도 엄마는 늘 기다리는 눈치였다.

어느 날 저녁, 그날은 미꾸라지를 잡아 추어탕을 한 솥 끓여서 맛나게 먹었다. 그날따라 엄마 얼굴이 달맞이꽃처럼 노랗게 보였다. 그리고 간간이 배를 만지며 아프다고 했다. 난 어렸고 별다른 방법도 없었다.

밤중에 엄마의 신음소리를 들었다. 끙끙 앓고 계셨다. 단순한 배탈이라고 생각했는데, 아닌 모양이었다. 점점 고통이 심해지는지 배를 잡고 뒹굴기까지 했다. 큰언니가 급히 택시를 불러 부산의 큰 병원으로 모시고 갔다. 엉겁결에 엄마를 보내고 돌아서니 갑자기 텅 빈 집의 정적이 그렇게 무거울 수가 없었다. 달맞이꽃만 눈치 없이 만개해 있었다.

이튿날 새벽 아버지가 황급히 달려왔다. 인사를 할 겨를도 주지 않고 작은방으로 뛰어 들어가는 것이었다. 얼마 안 있어 아버지의 통곡소리가 들렸다. 내 눈에 들어온 아버지는 벽에 걸린 엄마의 치마를 부여잡은 채 울고 계셨다. '내가 잘못했다. 잘못했다.'를 연발하면서 눈물을 흘리셨다. 아버지에게 그런 모습이 있었다니. 아버지의 눈물은 낯설었지만, 그 순간, 아버지도 일말의 죄책감은 가지고 계셨구나 하는 생각에 잠시나마 미움이 반감되던 날이었다.

엄마의 병명은 자궁 외 임신이었다.

"복도 없는 년, 아들이란다."

할머니는 혼자 중얼거리시며 못내 서운해 하셨다.

아버지가 엄마를 미워하지 않는다는 것이 나에게 크나큰 안도감을 주었다. 이후론 아버지의 눈물을 본 적이 없지만 달맞이꽃이 들불처럼 번져가는 둑길을 걷고 있으니 엄마의 달, 그 달을 향한 목 멘 기다림의 시간들이 생각나 울컥해 진다.

나의 농막으로

저기 저곳, 황금빛 들판을 지나가면 내가 곧 풍경이 되는 곳. 바람이 되기도 하고 물결이 되기도 하는 곳. 언덕배기 바위에 앉아 바다를 보며 노래하는 곳, 나의 이니스프리.

이렇게 적어놓고 보니 꽤나 그럴듯하다. 그러나 그건 어디까지나 꿈일 뿐 현실이 아니다. 현실은 나의 키보다 웃자란 풀, 콩인지 잡촌지 구별이 안가는 콩밭, 스멀스멀 기어 다닐 것 같은 뱀, 세상에서 제일 징그러운 지렁이, 그리고 두 차례의 태풍이 훑고 간 잔해들이 널브러져 있을 것이라 생각하니 두려움부터 앞선다.

복잡한 심사를 떨어내고 일단은 풍경 속으로 들어간다. 창을 열고 바람을 마신다. 영화의 한 장면처럼, 뱃속으로 들어간 바람은 이내 체적을 부풀리고 나를 풍선처럼 두둥실 하늘로 떠오르게 만든다. 살랑살랑 물결처럼 내 뺨을 훑고 가는 바람도 내 것이요, 풀 먹인 듯 짱짱한 햇볕도 내 것이로다.

언덕 위에 섰다. 오른쪽으로 고개를 돌리면 눈앞에 바다가 보인다. 끝없이 수평선이 펼쳐져 있는 망망대해가 아닌, 해변을 따라 옹기종기 집들이 모여 있는, 호수처럼 아담한 포구다. 그 바다를 감싸고 있는 산은 사람이 누워 있는 형상을 하고 있는 팔영산이다. 왼쪽으로 눈을 돌리면 막 황금빛으로 물들어가는 넓은 들판과 그 앞으로 길게 누운 강이 조화롭다. 이곳은 우리나라 최초의 간척지, 해창만이다.

세 개의 면面과 닿아있다는 들판은 보기만 해도 눈이 시원하고 가슴이 탁 트인다. 조금 전, 내가 저 광활한 대지를 가로질러 왔다는 사실마저 실감나지 않는다. 시골에서 자라서 그런지, 어쩔 수 없는 촌 여자라 그런지, 드넓은 들판은 가슴을 뛰게 만든다. 나이도 세월도 벗어던진 채 고삐 풀린 망아지가 되어 마냥 겅중거리고 싶어진다.

이제 곧 해가 질 것이다. 해가 뜨는 모습도 장관이지만 지는 모습 또한 아름답기 그지없다. 노을의 아름다움을 표현한 작가들은 너무나 많다. 최근에 읽은 K수필가의 「노을을 읽다」도 그러했다. 그의 글은 눈앞에서 전개되는 한편의 뮤지컬과 같았다. 또 어느 작가는 노을을 보며 글의 제목에 '노을의 강론을 듣는다'라고 표현해 나를 감탄케 했다. 나는 저 붉어지는 노을을 무엇이라 읽을까. 조물주의 스케치북이라고 할까. 아니면, 각혈이라고 할까. 어떤 말도 다 모방이 되어 버리고 말 것 같다.

어찌 되었든, 하루 중 내가 제일 좋아하는 시간이 이즈음이다. 한낮의 풀 먹인 듯 빳빳한 햇살이 서산 너머로 자취를 감추고 붉은 잔영이 캔버스에 물감을 쏟아 놓은 듯 번져나가는 시간 말이다.

언제나 그렇듯이 세상은 내가 원하는 대로 흘러가지 않는다. 노을을 좋아했지만, 향유하지는 못했다. 이 시간은 나에게 늘 노동의 시간이었다. 학교 다닐 때는 삯바느질을 하는 엄마를 대신해 저녁밥을 지어야 했고, 졸업을 하고는 돈을 벌기 위해 흐르는 땀을 감내해야 했다. 돌아보면, 지는 노을을 여유롭게 바라볼 겨를도 없이 살았다.

해질녘 뒷산에 올라 노래를 부른다거나 남녀공학이던 학

교에서 연애질을 한다고 혼내던 엄마가 가신지 오래다. 어릴 때 꿈꾸었던, 바다가 보이는 언덕에서 편안한 마음으로 지는 해도 마음껏 볼 수 있을 만큼 여유도 생겼다. 그러나 복병은 내 안에도 있었던가 보다. 시쳇말로 건강이 물 건너가 버렸다.

그런들 어찌하겠는가, 내게 온 것은 다 내 것인 걸. 무기력하지만 팔자 탓으로 돌릴 수밖에. 조물주의 생각을 읽을 수는 없다. 그건 저 오묘하고 난해한 노을빛을 읽는 것만큼 어렵다. 보는 사람마다 해석이 다른, 어쩌면 인생 자체도 조물주가 그리는 추상화일 뿐일 테니까.

우리는 이곳에 농막을 지었다. 즉흥적인 나와 손익계산을 따지지 않는 남편이 만든 합작품이다. 시골에서 자랐지만 농사라곤 지어 본 적 없는 두 사람이 앞뒤 생각 없이 덜컥 계약서에 사인부터 했다. 돌아서서 곧바로 후회를 했지만 이미 엎질러진 물이었다.

몇 년씩이나 묵혀두었던 땅의 실체에 입이 벌어졌다. 제멋대로 가지를 뻗은 칡넝쿨이 동백이며 석류며 할 것 없이 나무란 나무를 온통 칭칭 감고 있어 숨이 끊어지기 일보직전이고, 어떤 나무는 이미 숨을 놓아버린 후였다. 이것저것 얽히고설

켜 까닥 발을 잘못 두었다가는 걸려 넘어질 판이었다.

봄부터 여름까지 몇 차례를 들락거리며 풀을 베고 나무를 자르고 콩도 심었다. 와중에 긴 장마가 다녀가고 거센 태풍이 왔다. 바람은 세상을 날려버릴 듯 거세게 불었다. 아름드리 나무들이 속절없이 부러지고, 바닷가에 있는 아파트들은 창문이 깨졌다는 뉴스를 접했다. 우린 도시의 집에 앉아 걱정만 했다. 그러나 다행스럽게도, 간만에 온 농막은 멀쩡했다. 아무것도 달라진 것이 없었다. 그제야 안도의 한숨을 내려놓는다.

벼가 익어가는 들판을 가로 질러 읍내로 향한다. 아무 것도 없을 것 같은 소도에 학교도, 마트도, 미장원도 있고, 목욕탕과 우체국까지 있다. 그리고 술집도 있다. 없을 건 없지만 있을 건 다 있다. 저녁 찬거리를 준비하고 군것질거리도 산다. 이제는 며칠 동안 나의 유토피아를 온전히 즐기는 일만 남았으려니. 먹은 것 없이도 뱃심이 두둑해진다. 이런 걸 두고 소확행이라 하는지도 모른다. 농막으로 돌아오는 길, 창문을 열어놓고 콧노래를 부르면 선들선들 부는 바람이 코러스를 넣어주는 것 같다.

조금은 늦은 저녁을 먹은 후, 낮의 노동으로 고단했던 남편은 일찌감치 잠자리에 든다. 이곳에 머무르면 먹고 자고 일하고, 삶이 아주 단순하다. 오는 이도 없고 갈 곳도 없다. TV도 없다. 불을 끄고 누우면 먹물 같은 어둠만 숨죽이며 내려앉고 가끔씩 도로변 차량의 불빛만 섬광처럼 빗금을 치며 지나간다. 고요를 깨뜨리는 건 도로 저편 논에서 들려오는 개구리와 풀벌레의 울음소리뿐, 일상은 지극히 단조로워진다.

어떤 곳이든 오래 머물며 살아보지 못한 내가 여기에서 얼마나 잘 살아낼지는 미지수다. 그러나 걱정하지 않는다. 떠남이 익숙해진지 오래다. 나에겐 오늘만 있을 뿐 내일은 없다. 책임질 것은 오늘 하루뿐이다. 그마저 버거워지는 날이면, 미련 없이 앉은 자리를 툴툴 털고 일어서면 될 일이다. 그러므로 아직은 이곳, 나의 유토피아를 소박한 행복이라 부른다. 바람 부는 들판을 지나 고요의 문패를 단 나의 농막으로, 내가 나를 초대하는 밤이다.

브라보, 봉준호!

나는 영화를 좋아한다. 영화 만드는 사람을 천재라 생각한다. 그들의 손을 통해 어제와 오늘, 그리고 내일이 창조되고, 실재하지 않는 그 스토리 속에서 사람들은 울고 웃고 분노한다. 그가 의도했든, 의도하지 않았든 보는 이의 감정을 쥐락펴락하는 능력자라는 뜻이다.

봉준호 감독 역시 그렇다. 그 사람의 영화를 꼭 봐야겠다 생각한 것은 아니었지만, 그가 만든 몇 편의 영화를 본 것 같다. 〈살인의 추억〉, 〈괴물〉, 〈설국열차〉, 〈기생충〉 등.

그 중 〈살인의 추억〉은 특히 잘 만들어진 영화라고 생각한다. 내용은 말할 것도 없지만, 제목부터 남다른 느낌을 받았다. 제목을 만들어 붙이는 것이 얼마나 어려운 일이지, 글을 쓰는 나로서는 무시로 체험하기 때문일 것이다. 살인이라는 험악한 단어에 추억이라는 아련한 향수를 연상케 하는 말랑말랑한 단어를 매치시키다니. 시나리오를 누가 썼든, 단연 한국 영화사에 오래 기억되리라 싶은 영화다.

그는 좀 통통한, 그렇고 그런 평범한 이웃집 남자 같다. 그런 그가 영화를 만들 때는 섬세하면서 예리하고 유머러스해지는 모양이다. 그것을 반증하는 장면은 곳곳에 있다. 예를 들면 살인 현장인 언덕을 내려가면서 변희봉 씨가 주르륵 미끄러지는 장면 같은 것은 너무나 자연스럽게 웃음을 자아낸다. 살인 현장이라는 그 섬뜩한 선입견에서 잠깐 벗어나게 해준다. 가벼운 웃음거리를 제공한다. '맞어, 맞어. 비 오는 날엔 언덕에서 잘 미끄러졌지.' 하는 공감대와 더불어 추억을 회상케 한다. 그리고 이내 잔뜩 긴장된 사람들이 서성거린다. 그 묘한 대비가 영화를 한 단계 업그레이드 시킨다. 나 역시 그 장면에서 많은 점수를 주었던 기억이 난다.

게다가 제목과 달리 그 영화엔 잔혹한 장면이 하나도 없다. 요즘 영화처럼, 무시무시한 살상용의 도구가 난무하고 철철

피를 흘리는 험한 장면도 딱히 나오지 않는다. 기껏 형사가 용의자를 몇 대 때리는 정도다. 용의자를 때리면서도 짜장면을 시켜 같이 먹고 앉은 장면에서는 휴머니즘과 리얼리티가 있다. 그래서 봉준호의 영화는 어떤 면에선 따뜻하다.

그러나 보는 내내 긴장되고 무서웠다. 비를 등장시켜 묘하게 분위기를 자극한다. 트랜지스터에서 나오는 축축한 음악은 마치 범행의 예고편 같았다, 여자팬티를 입어보며 시시덕거리는 공장 노동자를 쫓는 장면이나, 여학생 한 명이 숲길 근처를 지나갈 때 범인이 전광석화 같은 빠른 동작으로 여학생을 채어간 것도 비오는 날 밤이었다. 비는 영화를 내내 따라다닌다. 아니, 비가 영화를 끌고 간다하는 게 맞겠다. 비오는 날의 음습함으로 관객의 몰입을 유도하는 감독의 의도와, 잠시도 긴장감을 늦추지 못하게 만드는 연출력이 돋보이는 작품이었다.

마지막 장면은 정말 오싹했다. 세월이 흐르고, 극 중 시골 형사로 나오던 송강호가 제약 회사 영업 사원이 되어 옛날 살인 사건이 났던 농로의 하수구를 들여다보는 그 장면이 영화의 백미였다고 할까. 지금 생각해도 소름이 돋고 머리끝이 쭈뼛 일어선다.

벼가 누렇게 익어가는 여름 날 오후, 송강호가 미제 사건으로 남은 사건의 현장에서 살인을 추억하고 있을 때 지나가던 여자 아이가 흘리듯 한마디를 던진다. '아저씨 거기 무엇이 있나요? 며칠 전에도 누가 들여다보던데….' 그 순간 송강호의 표정 연기도 일품이다. 순간적으로 '그 놈이 범인이다.' 싶어진다. 관객 역시 범인으로 지목되었던 사람들을 순간적으로 떠올려본다. 그러나 그는 영업사원 일뿐이다. 그 후 농로를 따라 아스라이 멀어져 가는 자동차. 보는 내내 정말 잘 만든 영화라는 생각이 들었다.

봉준호 감독의 작품 〈기생충〉이 칸 영화제 황금종려상을 필두로 최근에는 아카데미상 4개 부분에서 상을 휩쓸었다. 세상은 〈기생충〉으로 떠들썩했다. 뉴스는 연일 봉준호 감독에 대해 말하고 있다. '오늘 밤은 술 마실 준비가 돼 있다. 내일 아침까지 말이다.(I am ready to drink tonight until next morning)', 시상식장을 빛낸 그의 수상소감은 또 얼마나 멋졌는지.

역시 봉준호는 봉준호였다. 브라보 봉준호, 브라보 한국영화다.

앵두가 익을 무렵

기장 수변공원에는 앵두나무가 많이 심어져 있다. 오랜만에 보는 나무라 반갑기 그지없었는데 아쉽게도 앵두가 달려있지 않다. 한창 볼을 붉히며 수줍게 익어갈 때인데 눈을 씻고 보아도 단 한 알조차 남아 있지 않다. 누군지 모르지만 어찌 이리도 모질게 다 따버렸나 싶다. 하기야 사람들의 왕래가 많은 공원길이니 남아날 겨를이 있으랴. 나라도 보자마자 따고 싶어 몸살이 났을 텐데.

앵두를 생각하니 시큼하게 침이 고인다. 내가 유년을 보냈던 집에도 앵두나무가 있었다. 야트막한 산 밑에 자리한 우리 집 안에는 넓은 남새밭이 있었는데, 앵두나무는 그 한쪽 귀퉁이 우물가에 서 있었다. 아주 큰 고목이었다. 앵두나무뿐만 아니라 대추나무, 가죽나무, 감나무 등 유실수가 많았지만 그 중 으뜸은 단연 앵두나무였다.

언제부터 앵두나무가 그곳에 자리하고 있었는지는 알지 못한다. 내 기억의 끄트머리 즈음부터 항상 그곳에 있었으니까. 어쩌면 내가 세상에 나오기 전에 터를 잡은 어르신이었을 수도 있겠다. 보통 유실수들과 달리 앵두나무는 해거리도 하지 않았다. 외려 해마다 담장을 넘어 옆집까지 가지를 늘어뜨리며 열매를 많이도 매달았다.

지금이야 계절과 상관없이 온갖 과일이 넘쳐나지만, 그땐 제철에 나는 과일 외에는 먹을 수가 없었다. 특히 음력 사오월엔 유독 과일을 구경하기 힘들었다. 딸기와 토마토가 있기는 했지만, 어린 내 입맛에 토마토는 달지도 않고 맛이 이상했다. 그러나 앵두는 새콤달콤한 것이 딸기보다 더 달고 상큼했다. 그리고 얼마나 예쁘던지 오밀조밀 비좁도록 촘촘히 달려 빨갛게 선홍빛으로 익어가는 모습을 보면 절로 손이 갔다. 오죽하면 어여쁜 입술을 비유할 때 앵두 같다고 했을까.

앵두가 익을 무렵이면 할머니와 나의 숨바꼭질이 시작되

었다. 할머니는 앵두가 익기 바쁘게 따서는 어딘가에 숨겨 놓았다가 5일장이 서는 날 내다 팔곤 했다. 할머니보다 먼저 일어나야만 잘 익은 걸 딸 수 있는데, 그게 좀처럼 쉽지 않았다. '내일은 내가 먼저 일어나야지.' 하고 결심을 해보았지만 번번이 할머니의 승리였다. 새벽잠이 없는 할머니의 부지런을 어찌 당할 수 있었으랴.

눈만 뜨면 앵두나무 밑에서 서성거렸지만 내 손이 닿는 높이엔 설익고 푸른 앵두밖에 남아 있지 않았다. 이미 할머니의 손이 지나간 까닭이었다. 괜히 엄마에게 짜증을 내면 엄마는 '애들이나 먹게 내버려두지.'라며 볼멘소리를 했지만 아무도 할머니를 이길 수 없었다. 그런 할머니가 야속했다.

생각다 못해 할머니가 따 놓은 앵두에 눈독을 들이기 시작했다. 그러나 어디에 꽁꽁 숨겨 두는지 도무지 알 수가 없었다. 짐작 되는 곳이 없지는 않았지만 그곳은 밤낮으로 커다란 자물통이 걸려 있어 엄두를 낼 수 없었다.

그러던 어느 날 뒷산에서 그네를 뛰다가 할머니를 보았다. 뒷산은 우리 집과 경계를 같이하고 있었다. 집을 둘러싸고 있는 담장이 탱자나무 울타리였다. 우리는 울타리 한 곳에 가시를 도려내고 개구멍을 만들어 드나들었다. 산이 곧 집이기도 했던 셈이다. 그곳은 겨울에는 산대를 타고, 여름에는 나무 그늘 아래에서 땀을 말렸으며, 정월 대보름에는 달집을 만들어 태우는 마을의 놀이터였다. 지금으로 말하자면 시민공원 같은 곳이었다 할까.

뒷산은 민둥산이었지만 군데군데 소나무 군락이 있었다. 그리고 소나무 가지에는 항상 그네가 매달려 있었다. 삼을 섞어 꼰 밧줄을 매어놓고 그네를 뛰면 우리 집 마당과 아래채가 훤하게 내려다 보였다. 나는 거의 매일 그네를 뛰었다. 아주 높이 날아올라 소나무 가지를 꺾어 올 만큼 실력도 좋았다.

그날도 나는 그네를 타고 힘껏 날아올랐다. 초여름 바람이 시원했다. 눈 아래 우리 집 마당이 운동장만큼 커보였다. 그때 할머니가 안채에서 나와 곧장 도장으로 가더니 사다리를 들고 나와 앵두나무가 있는 곳으로 갔다. 상추밭에 사다리를 놓고 그 위에 올라 내 손이 닿지 않는 곳에 있는 앵두를 따기 시작했다. 6월의 태양을 받은 앵두가 한껏 농익은 날이었다.

언니와 내가 앵두를 딸 때는 상추를 밟는다고 꾸중하던 할머니가 상추를 지근지근 밟다니. 나는 그네를 타면서도 숨죽이며 바가지에 앵두를 따서 담는 할머니를 지켜보았다. 얼마 후 할머니 바가지엔 앵두가 가득 채워졌다. 그걸 들고 도장으로 들어갔다. 도장문은 휜하게 열려 있었다. 할머니는 말아 논 멍석 뒤편에 손을 넣더니 접이식 의자를 꺼내었다. 아버지가 쓰던 낚시용 의자였다.

그 위에 올라서서 높은 선반 위에 포개둔 양철통을 꺼내 거기에 앵두를 쏟아 붓고는 다시 의자를 접어 넣었다. 그러면 그렇지. 예상대로 도장이 할머니의 보물창고였다. 할머니가 소중하다고 생각하는 모든 물건들은 도장 안에 있었다. 그래봐야 농사도 안 짓는 쇠락한 종손 집의 도장에 숨겨둘 게 뭐 그리 대단했겠는가마는. 기껏 바닥을 보이는 쌀뒤주와 조, 수수, 옥수수 등 다음해 양식을 위한 종자용 씨앗이 천장에 흔들리며 걸려있을 뿐이었다.

도장문을 잠그고 돌아서는 할머니의 손에서 열쇠가 덜렁거렸다. 열쇠가 없는 이상 할머니의 앵두는 언감생심일 터였다. 마른 침만 꿀떡 삼키는데, 이럴 수가. 할머니가 도장 앞에 있는 절구 속에 열쇠를 숨기는 게 아닌가. 나는 회심의 미소를 지었다. 문을 열 방도가 없었던 차에 열쇠를 찾았으니 이제 앵두는 내 손 안에 있는 것이나 다를 바가 없었다.

할머니만 없으면 도장으로 가서 앵두를 한 움큼씩 집어먹곤 했다. 엄마는 그런 나를 알면서도 모른 척 했다. 암묵적 동조라고나 할까. 할머니는 아는지 모르는지 아무 말씀을 하지 않았다. 손주들 중에서 나를 유독 좋아해주었던 할머니 역시 모른 척 했던 건지도 모른다. 할머니 곁에서 할머니 젖을 만지고 자란 나를 그까짓 앵두 때문에 싫어할 리가 있겠는가. 낮엔 산으로 들로 선머슴 같이 뛰어 놀고는 밤이면 이불을 걷어차며 험하게 자는 막내손녀를 꼭꼭 눌러 잠재웠던 할머니. 잔칫집에라도 가면 떡이나 전 같은 걸 손수건에 싸들고 와서 나에게만 살짝 주던 할머니셨으니.

이제는 기억도 화석이 되어간다. 앵두가 익을 무렵 내 삶의 주요 등장인물이었던 할머니와 어머니도 세상에 없다. 오래된 그림마냥 앵두나무 한그루 서 있던 우물가의 풍경만이 아릿한 향수를 불러일으킬 뿐이다.

시간 속에 갇히다

잠결에 휴대폰을 찾아 어둠을 더듬는다. 시간을 보기위해서다. 흐릿해진 눈에 비친 시계는 살바도르 달리의 그림처럼 제 멋대로 늘어져있다. 간신히 초점을 맞추는데 이번에는 뜬금없이 25라는 숫자가 눈에 들어온다. 25시라니. 순간, 묘한 표정의 안소니 퀸이 시니컬한 미소로 나를 내려다보고 있다.

화들짝 정신이 든다. 세계적인 유명 배우가 왜 나를 보고 있을까. 그리고 늘어진 시계라니. 무슨 의미가 있을 거라고 이리저리 궁리를 해봐도 도무지 알 수가 없다. 어제 옆집의 젊은 여자와 나눈 대화중에 잠깐 25시의 의미에 대한 말이 나오긴 했다. 그러나 그녀는 25시란 말의 뜻을 잘 이해하지 못하고 영화도 모르는 것 같았다. 내 어둔한 말로 그것을 설명하기엔 역부족이었다. 그녀도 나도 서로 완전하게 소통을 하지 못한 채 돌아설 수밖에 없었다.

숫자 25와 안소니 퀸의 조합이라면 영화, 〈25시〉다. 그 영화는 내가 본 영화 중 가장 감명 깊고 시사하는 바도 컸다. 굳이 꼽으라면 열 손가락 안에 드는 영화다. 제목부터가 그랬다. 25시라는 시간의 상징성에 가장 부합되는, 영화중의 영화라는 생각이 들었다.

게다가 내게는 멕시코 출신의 안소니 퀸이라는 배우 자체가 볼 만한 영화의 인증서와 같다. 내 기준에서 본 그는 인간 내면의 선과 악을 참 잘 표현하는 배우다. 그가 나오는 영화 중에서 캐릭터가 비슷한 것을 보지 못했지만 어느 하나도 어색하다는 생각을 하지 않았을 정도다. 그 배우에 대해 아는 것은 별로 없다. 알아야 될 필요도 못 느꼈고 그의 팬도 아니다. 다만, 영화를 보고 난 후 가슴에 오래도록 감동이 남아 있던 영화 몇 편 속에 그가 등장을 했다는 사실 때문에 그라는 배우에 대한 신뢰감이 생겼는지도 모른다.

여인 젤소미나를 학대하고 착취하는 영화 〈길〉에서의 그는 영락없이 나쁜 남자다. 노틀담의 종지기인 콰지모도로 등장하는 〈노틀담의 꼽추〉에서는 에스메랄다를 향해 지고지순한 착한 남자다. 내가 어찌 대배우의 연기력을 평할까마는 어쩌면 저리도 천연덕스럽게 연기를 잘 할까 싶었다. 그에게 자신을 표현 할 수 있는 무대가 있어 정말 다행이라는 생각이 들기까지 했다.

영화 〈25시〉에서 그는 루마니아의 어느 시골 마을의 요한 모리츠라는 농부로 분扮한다. 바보가 아닐까 생각될 정도로 순박한 사람이다. 백치미라고 말할 수밖에 없는 미소는 그를 한없이 낙천적인 사람으로 보이게 만든다. 열심히 사는 그에게 아름다운 아내가 있다. 평소 그녀의 미모에 눈독을 들이던 경찰서장은 요한 모리츠를 유대인으로 둔갑시켜 전쟁터로 보내버린다. 그는 자신의 의사가 전혀 반영되지 않는 상태에서 그들의 요구대로 유대인이 되었다가 독일인이 되었다가 아리아인이 되기도 한다. 생과 사를 넘나들며 험난한 시간을 보낸 그는 8년 만에 고향으로 돌아올 수 있었다.

그가 집을 떠나있는 동안 아이는 더 늘어났다, 그 대목에서

부터 나는 슬퍼지기 시작했다. 그런데 영화는 여인들의 심리는 안중에도 없는 듯 한마디 설명도 조명도 하지 않는다. 어떻게 남편이 전쟁터에 있는데 아이가 자꾸 생기겠는가. 기차역에서 그를 기다린 건 자신의 아이를 포함해서, 자기를 전쟁터로 내몰았던 남자의 아이를 안고 있는 아내였다. 그 곱고 예쁘던 여인이 삶에 지친 표정으로 남편을 영접하려고 햇빛 속에 서 있었다.

영화의 마지막 장면이 압권이었다. 아무런 내막도 알지 못하는 사진 기자는 기념사진을 찍겠다며 카메라를 들이댄다. 그리고 그들 가족에게 웃으라는 주문을 한다. 웃을 수도 울 수도 없는 현실 앞에서 안소니 퀸은 웃는다. 아니, 운다. 입은 웃고 눈은 울던, 얄궂은 모리츠의 표정은 두고두고 기억에 남을 멋진 장면이었다. 결국 영화가 말하고자 했던 것은 전쟁이라는 거대한 역사 속에서 한 인간이 자기 연민에 빠지지 않고 몰락해가는 과정이 아닐까 싶었다.

그의 미소가 난감해 차라리 고개를 돌리고 싶었던 영화 〈25시〉. 그 영화를 본 지 몇 십 년이 지난 지금 왜 뜬금없이 그 장면이 떠올랐는지 모를 일이다. 그리고 나는 왜 영화를 나와 연관시키는가.

25시는 존재하지 않는 시간이다. 즉, 내가 원하지 않았던 시간이고 물론 당신도 원하지 않았던 시간이다. 우리 모두가 원하지 않았던 불행한 시간이랄까. 안소니 퀸이라는 배우는 존재하지도 않는 시간 속에서 전쟁에 떠밀리며 산다. 그러나 나에게 25시는 엄연히 존재했던 시간이고 지금도 존재하는 시간이다. 병이라는 거대한 상황 속에 갇혀버린, 죽지 않고는 빠져 나올 수 없는, 그런 시간을 짊어진 채 20여년을 보냈다.

시간이 지나면 점차 잊혀지는 고통은 시간이 약이고 신이다. 어떤 작가는 아들을 잃고 시간이 가는 것을 두고, 그리고 상처가 점점 무뎌지는 걸 보고는 시간은 신의 또 다른 이름이라고 했다. 그러나 나에게 시간은 신도 아니고 약도 아니다. 오로지 고통의 다른 이름일 뿐이다.

육체의 아픔은 정신마저 흐리게 만든다. 사고하고 판단하는 능력이 현저하게 떨어진다, 시간이 가면 좋아지는 것도 많은데 나는 점점 나빠진다. 결국 나의 하루는 오롯이 내가 견뎌내야 하는 25시간이다.

어둠을 툴툴 털고 일어난다. 살아 있는 동안은 최선을 다해 살아내야 하므로 부실한 몸이나마 움직여 볼 참이다. 수술을 앞두고 너무 예민해졌던 까닭이라고 안소니 퀸의 미소를 해석하며 씩씩하게 하루치의 알약을 삼킨다.

약은 내게 꽃이다. 그들은 색색의 꽃이 되어 내게로 왔다.

나에게 와서 꽃이 된 약, 약다발이 꽃다발 되던 그날,

비로소 나도 꽃으로 피었다.

2부

약,
꽃으로 피다

부탁

잘 살아서도 아니고, 못 살아서도 아니고
그저 그냥 오더라
반기는 이 없는데도 거리낌 없이
그저 그냥 오더라
제 집인 양 주저앉아 일어설 줄 모르더라

좋은 말로 보내려고 어르고 달래니까
저 좋아 그런 줄 알고 다리 뻗고 앉았구나
천방지축 날뛰면서 지랄용천 하는 품새
본데없는 상놈자식 저리가라 하는구나

그만하면 되었다, 십 년이면 되었다
이제 그만 일어서서 네 발로 나가거라
가는 길을 잊었다면 안내자를 붙여주마
돈 없어 못 간다면 내 적금 해약하마

얼러보고 회유하고, 갖은 방법 다 써 봐도
청맹과니 따로 없네, 눈도 귀도 다 닫은 채

이제야 생각하니 이 또한 인연이라
너 또한 갈 곳 없어 내게 붙어 사는 것을
이왕지사 이리 된 것, 친구인 양 살 수밖에
염치라도 있거들랑 점잖게나 있어다오

불면과 시

낯선 도시에서 지하철을 기다리다
벽에 붙어있는 시를 만난다
소음과 먼지 속에서도 시어들을 빛이 나고
이름 모르는 시인의 행간에 발목이 젖는다
한눈 파는 나를 두고 객차는 멀어지고
행선지를 놓쳐버린 두 발이 동동거려도
세상에 시가 있어 나는 다만 행복하다

세상이 잠든 사이
시인은 시를 쓰고 나는 시를 읽는다
별을 모아 꽃등을 만든다는 아름다운 문장을 만나면
밤새 어지럽던 꿈의 파편들이 뒤꿈치를 덮는다
새들마저 잠들어 고요한 밤
떠도는 문장에 발이 걸려 뒤척이다가
불현듯 죽비처럼 등을 치는 시어하나 내 안에서 퍼덕이면

잠들지 못함은 고통보다는 차라리 희열이어라
잠과 바꾼 시를 쓰며 나 혼자 뿌듯하고 나 혼자 낙망하다가
마음 맞는 사람들과 나누는 술 한 잔에 안주 삼을 시가 있어
비로소 행복하다고
잠 없는 밤의 비망기가 한편의 시를 낳는다

삶을 감당하다

오랫동안 병에 시달리다 보니 종종 이런 질문을 받는다. 만약에 세상과 이별하는 순간이 온다면, 두고 갈 수밖에 없는 것들 중에 무엇이 제일 아까울 것 같으냐고. 글쎄다. 가족들, 그리고 친구들이 제일 먼저 떠오르기는 한다. 그러나 내가 있든 없든 그들은 그들대로 잘 살아갈 것이다. 아주 가끔씩 그리움에 발목이 잡히기는 하겠지만.

생각해보니 걸리는 것도 아까운 것도 없다. 굳이 말하라고 한다면 뺨을 간질이는 부드러운 봄바람이라든지 지저귀는 새소리, 정신을 말갛게 헹궈주는 초겨울의 싸늘한 공기, 어깨에 내려앉는 햇살 한 조각, 적당한 노동 뒤의 달콤한 휴식, 이런 정도랄까. 오로지 가슴으로만 담을 수 있는 무형의 것들이지만 다시 만날 수 없게 된다고 생각하면 한없이 아쉽다. 늘어놓고 보니 너무 감상적이기는 하다. 내가 늘 객관적이지 못하다고 지적을 받는 이유 중 하나일 것이다.

얼마 전 20여 일 동안 입원을 했다. 요즘 들어 병이 한 단계 발전했는지, 걸음걸이가 영 시원찮다. 낙상을 조심하라는 소리를 신물이 나도록 들었건만 잠시 방심한 탓에 화장실에서 뒤로 넘어져 좀 많이 다쳤다. 조심한다고 하는데도 일어나는 사고는 어쩔 수 없다. 이럴 때는 넘어진 김에 쉬어가자고 여유로운 척 말할 수밖에.

집 가까이 있는 C병원 응급실로 실려 갔다. 다행히 뼈는 부러지지 않았고 타박상이란다. 참으로 감사한 일이다. 엉덩뼈라도 부러졌으면 어떡할 뻔했나. 화장실에서 넘어지면 살아남기 힘들다는 속설도 있는데, 다행히 살아남았다. 주위에서는 조상이 돌보았다고들 한다.

20여 년을 아프다 보니, 내게 삶이란 영위하는 것이 아니라 감당해야 하는 것이 되어버렸다. 참고 견디는 일에 이골이 났건만 이번에는 통증이 장난 아니다. 타박상쯤이야 못 참으랴 싶었는데, 그렇지 않았다. 날카로운 칼로 긁어대듯이 아팠다. 그럴 때마다 이대로 영원히 일어나지 못 하는 건 아닐까, 불안감이 밀려왔다. 바깥 상황마저 좋지 않다. 코로나가 극성을 부리고 있지 않은가. 기저 질환이 있는 환자는 더더구나 철벽방어를 해야만 한다.

입원하자마자 코로나 검사부터 받았다. 다음날 결과를 보고 병실을 배정해 주었다. 침대 한 칸을 차지하고 나서야 잔뜩 긴장을 하고 있던 마음을 내려놓았다. 여긴 병원이니까.

병원에서 새해를 맞는다. 또 한 해가 가는구나 싶다. 노년의 시간은 나이만큼이나 가속이 붙는다고들 하더니 시간의 속도를 따라잡기가 힘들다.

병원에 있으니 생각이 많아진다. 이 정도로만 다치게 한 것은 어쩌면 나에게 정리할 시간을 주겠다는 하늘의 배려인지도 모른다. 아무런 준비 없이, 어느 날 느닷없이 목숨줄을 놓아버린다면 남은 식구들이 얼마나 황망할 것인가. 무엇보다도 나 또한 그렇게 마지막을 맞고 싶지는 않다. 그저 허허, 삶을 농담처럼 살지만 그래도 묘비에 '내 이럴 줄 알았다' 일곱 글자를 새길 수는 없는 일이다.

마음이 편해서인지, 잠도 잘 오고 컨디션도 좋다. 그렇다고 마냥 병원에 눌러 앉을 수는 없다. 너무 나 자신만 생각하는 것 같아서 20여 일 만에 퇴원을 했다. 그런데 막상 퇴원하고 보니 아침엔 기운이 떨어져 일어나지를 못한다. 병원에선 그토록 몸도 마음도 가볍더니 웬 변덕인지, 죽을힘을 다해 일어나 챙겨 먹고 운동을 한다.

운동이라고 해봐야 기껏 산책 정도다. 그것도 혼자서는 어렵다. 요양사나 남편을 대동해야 한다. 산책이라 하지만, 고작해야 우리 집 뒤에 있는 고분 근처 약 1Km정도다. 그곳에서 느린 걸음으로 천천히 한 바퀴를 돌고 되돌아온다. 그만큼이 요즘 내가 걸을 수 있는 한계치다. 그저 봄빛을 좀 쬔다는 정도랄까. 얼마 전까지만 해도 이렇게까지 나쁘지는 않았는데 왜 이리되었는지. 억울하지만, 그저 신의 뜻이라며 받아들이기로 한다. 걷지 못하는 사람에 비하면 이것마저도 감사한 일이 아닌가.

저녁에 자리에 누우면 아침을 맞는 것이 두려워진다. 새벽 3시쯤 어김없이 눈이 떠진다. 나의 하루는 너무 길지만 내 시간은 짧다. 그럼에도 게으름 피지 않고 가주는 시간이 얼마나 고마운지 모르겠다.

'죽고 싶다, 죽고 싶다' 하고 다니면 '살고 싶다, 살고 싶다'

하는 말로 들리겠지. 그런다고 당장 죽는 병도 아니고. 어떻게든 내게 주어진 시간은 내가 감당해야 한다. 그러자면 기분 전환이 필수다.

그 일환으로, 오늘 짧은 머리를 더 짧게 잘랐다. 아주 짧은 쇼트커트다. "오드리 헵번 같지 않나요?" 하고 미용사에게 물었더니 미용사 대답이 걸작이다. "오드리 될 뻔했어요." 미용사의 기지가 마음에 든다. 그녀의 너스레 덕분에 내 마음도 유쾌해진다.

집으로 향하는 길, '머리를 자르고 돌아오는 길에~' 하는 이소라의 노래가 흥얼거려진다. 머리를 잘랐을 뿐인데, 내 삶이 정리된 듯한 이 느낌은 무엇일까. 바람 한 줄금, 오래 정체되어 있던 내 머릿속으로 휘파람 같은 길을 낸다.

약, 꽃으로 피다

약국에 앉아 순서를 기다린다. 창밖엔 노란 조끼를 입은 아저씨들이 도로를 점령해가며 호객행위를 하고 있다. 한 사람의 손님이라도 더 모셔 오기 위한 그들의 호루라기 소리와 손동작이 바쁘다. 자동출입문이 열릴 때마다 바깥의 뜨거운 열기가 훅 끼친다.

약국 안에는 하얀 가운을 입은 남자 약사가 손님에게 약에 대한 설명을 하는 중이다. 계산대엔 약사의 부인으로 보이는 여자가 앉아 있다. 그리고 작은 창으로 손만 들락거리는 약제사, 손님에게 요구르트나 음료수를 나눠 주는 아가씨인지 아줌마인지 모를 젊은 여자가 직원의 전부다. 나는 그녀의 나이를 가늠해보면서 그녀의 빠른 몸놀림을 부러운 시선으로 바라보았다.

요즘 발걸음을 떼는 게 힘들어졌다. 얼마 전까지만 해도 나는 저들보다 더 가볍게 걸을 수 있었다. 물 찬 제비처럼 날렵했다면 과장이 심한가. 아무튼 파킨슨 환자답지 않게 가볍게 걷고 균형감각도 좋았다. 그런데 언제부턴가 나의 걸음걸이는 몹시 위태로워졌다. 넘어질 듯 뒤뚱거린다. 의사는 오늘 약을 한 가지 더 처방했다.

드디어 내 이름이 불리고 약을 한아름 받았다. 3개월 치라 그런지 많기도 하다. 마치 꽃다발을 받는 것처럼 두 손을 조심스레 내밀어야 했다.

순간 이상한 일이 벌어졌다. 생동감이라곤 없는 무표정한 여자는 사라지고, 밝고 고운 미소를 가진 여인이 한아름의 꽃다발을 들고 환하게 웃고 있다. 각양각색의 작은 들꽃이다. 꽃 이름도 참 예쁘다. 리큅(1), 미라팩스(2), 마도파(3), 퍼킨(4), 시내멧)(5) 스타레보(6)…, 이름도 다르고 국적도 다르고 크기와 모양도 다르다. 아마도 그 꽃들의 이름을 지은 사람은 여자인 모양이다. 그래서 나도 그들을 이렇게 부른다. 마도파 양, 리킵 양….

나는 그들과 오래도록 친하게 지내고 있다. 그 중 나랑 가장 긴 시간을 보낸 친구는 마도파 양과 스타레보 양이다. 마도파 양은 지금까지도 같이 지낸다. 그녀의 피부는 분홍빛이다. 동그란 얼굴을 한 채 십자가를 늘 몸에 지니고 있다. 좋았다가 싫었다. 감정에 기복이 심하다. 날 닮아 조울증이 있다. 반응이 빨라서 좋지만 이내 차갑게 식어버리는 단점도 있다. 그러나 언제나 날 위해 기도해주고 대체로 나랑 잘 놀아주는 편이다.

스타레보 양, 붉은 벽돌색으로 치장한 그녀는 정열적이다. 한 번 그녀와 친하고 나면 빠져나올 수가 없다. 집요하고 지속적이다. 처음 만났을 때 난 그녀에게 홀딱 빠졌다. 어느 지중해 바닷가의 노을빛이 이럴까. 핏빛보다 더 붉은 빛깔에 모양은 여러 가지다. 둥근 것도 있고 타원형도 있고 마름모꼴도 있지만, 어느 것도 각을 세우고 있지는 않다. 순해 보이지만 그녀의 내면은 강하고 뜨겁다. 가끔 그 뜨거움으로 인해 나는 심장을 조여 오는 압박감에 시달렸지만 잠깐만 견디면 된다.

그녀는 정말 화끈하고 매력적이다. 그녀와 나의 동거는 18년 동안 계속되었다. 뻣뻣하게 굳어있는 나를 유연하게 만들었고 힘없이 쳐져 있던 어깨와 다리에 힘을 실어 주었다. 그녀로 인해 그나마 사람을 만나고 일을 하고 조금이나마 사람답게 살았다. 때로 그녀의 지나친 열정이 부담스럽긴 했지만 그녀만큼 나를 잘 아는 사람은 없다.

무릇 아름다운 것에는 가시가 있듯이, 그렇게 친절한 스타레보 양에게도 흠결은 있다. 그녀는 가끔 손님을 데리고 온다. 불수의[7]라는 무례한 이다. 불수의는 나를 정말 힘들게 했다. 잠시도 나를 가만두지 않았다. 이가 턱턱 마주치며 떨렸고 팔다리는 제멋대로 흔들렸다.

결국, 나는 그녀를 배반했다. 그럴 수밖에 없었다. 그녀를 버려두고 시냇멧 양과 친하게 지냈다. 시냇멧 양은 참으로 느렸다. 어찌나 태평스러운지 어디 외출이라도 하려면 기다리느라 두드러기가 날 지경이었다. 날렵해 보이는 외모와는 달랐다. 매번 옷을 갈아입느라 그런지 몰라도 스타레보 양에게 길들어 있었던 나에게 그녀의 태평스러움은 무척이나 당혹스러웠다.

사람들은 그녀를 착하다고 했다. 느리긴 해도 잘만 사귀면 괜찮을 거라고. 하긴 그랬다. 열정은 없었지만 착하고 순했다. 항상 간호사같이 흰옷만 입는 미라팩스 양과 같이 와서 오래 머물러 주었다. 그때 어쩌면 나는 스타레보 양의 열정에 지쳐가고 있었는지 모르겠다.

나는 늙었고 오랜 투병으로 인하여 심신이 지칠 대로 지쳐갔다. 기다리다 보면 더 예쁜 꽃이 피리란 희망도 사라져갔다. 결국, 그녀의 열정에 부응하지 못했다. 어쩌면 수더분하고 부담 없는 시내멧 양이 더 편했는지 모른다. 점점 시냇멧 양과 있는 날이 많아졌다.

스타레보 양의 보복은 집요했고 무서웠다. 그녀를 떼어 내는 것은 간단했지만 후유증은 너무나 컸다. 그녀는 그동안 나에게 베푼 만큼 나를 괴롭혔다. 하루에 몇 차례 응급실로 실려 가고 죽음을 생각해야만 했다. 결국은 수술까지 하고서야 그녀와 결별을 할 수 있었다.

생각해보면 약은 내게 꽃이다. 그들은 색색의 꽃이 되어 내게로 왔다. 더 많은 이름을 달고 시르죽은 나를 깨운다. 한아름의 꽃이 되어준 약들 덕분에 표정 없던 내 얼굴에 생기가 돌고 움직이지 않던 몸이 비로소 움직여지고 입속에서만 우물거리던 말도 온전해진다.

어느 때는 내 손만 닿으면 모든 꽃들이 노란색으로 보이기도 했다. 꽃향기에 취해 어질어질 멀미가 났다. 그러나 이 작은 꽃들이 없었다면 어떻게 19년이란 긴 세월을 견딜 수 있었겠는가. 내게 생명을 준 꽃들이 있어 나는 죽지 않고 피어난다. 나에게 와서 꽃이 된 약, 약다발이 꽃다발 되던 그날, 비로소 나도 꽃으로 피었다.

(1, 2) 파킨슨병의 보조 치료제.

(3, 4, 5, 6) 파킨슨병의 주 증상인 도파민의 부족으로 오는 떨림, 서동, 강직 등의 치료제.

(7) 가만히 있으려 해도 저절로 움직여지는 이상 운동 증상

화무십일홍

오랜만에 만개란 단어가 생각날 만큼 벚꽃이 활짝 피었다. 아침 일찍 그 나무 밑을 걷노라니 지난날 벚꽃에 반해 진해란 곳으로 시집갔던 일이 생각난다. 아무렴 꽃에 반해 시집을 갔으려고, 내 말을 허풍으로 듣는 사람도 더러 있지만 적어도 장복산 벚꽃 아래 서보면 거짓이 아니란 걸 알게 될 것이다. 하늘도 땅도 죄 뒤덮어버린 꽃천지 속에서 어찌 눈곱만큼이라도 부정No의 언어를 끄집어낼 수 있을 것인가. 만난 지 얼마 되지 않은 남자와 덜컥 백년가약을 맺은 것은 진정 꽃과 무관하지 않았던 셈이다. 그만큼 진해의 벚꽃은 아름답기로 정평이 나있다.

아버지와 처음으로 사진을 찍은 곳도 바로 그곳이었다. 내가 한 남자의 아내가 되어 신행을 가는 날이었다. 기억 속의 아버지는 아이보리색 양복으로 잔뜩 멋을 내셨고, 웃각시로 따라갔던 언니는 분홍색 치마저고리를 단정하게 입고 있었다. 나는 초록색 저고리에 빨강 치마를 받쳐 입은 신부였다. 돌이켜보면 참으로 아름다웠던 시절이다.

세상에 그렇게 많은 꽃이 있다는 사실이 놀라웠다. 온통 벚꽃 속에서 멀미를 앓았던 그날, 우리는 장복산 고갯마루에 서서 흩날리는 벚꽃 비를 맞으며 세상 가장 행복한 차림새로 사진을 찍었다. 지금도 그 장면을 떠올리면 오래된 흑백사진을 펼치는 듯 아련한 추억 한 장이 야릇한 감회를 불러일으킨다. 그것이 진해의 벚꽃에 대한 두 번 째 추억이지만, 그렇게 빛나던 4월은 내 생에 두 번 다시 찾아오지 않았다.

행복만 있을 것 같았던 결혼생활은 그저 그런 일상으로 채워졌다. 이해 받지 못한다고 생각했으며 나 또한 이해하려 들지 않았는지 모른다. 우리는 많은 시간 동안 때론 악다구니로 때론 침묵으로 서로를 할퀴며 싸웠다.

그러나 요즘 젊은이들처럼 이혼을 생각해보지는 못했다.

힘들 때마다 살아가는 과정이려니 눙치다 보니 어느새 함께 늙어가고 있다. 이제 와서 손익계산을 해 본들 손해 보는 장사도 아니었는데, 그때는 왜 억울하다는 생각만 내내 들었는지 모르겠다.

나는 그다지 좋은 아내도, 좋은 엄마도 되지 못했다. 너무 일찍 병이 찾아왔고 그 병은 나를 오랫동안 괴롭혔다. 지금 역시 투병으로 많은 시간을 보내고 있다. 병에 매몰되어 건너뛸 수밖에 없었던 역할들이 적지 않았다. 인생의 절반을 병에 시달리느라 언제나 나 자신이 우선일 수밖에 없었으므로 가족들에게 신경 쓸 여력까지는 챙기지 못했다고 하면 변명이 될까.

뜻대로 할 수 있는 일보다 그렇지 못한 일이 더 많았다. 무의미 한 날들만 내 앞에서 시들어갔다. 생각해보면 긴 시간을 거쳐 오늘에 이르렀건만 아무것도 하지 못했다. 젊고 빛나던 시절을 흘려보내고서야 무엇을 해보겠노라 법석을 떨어보지만 그마저도 쉬운 일은 아니다. 시간이 나를 기다려 주지 않을 거라는 걸 진즉에 알았더라면, 늙음이 먼저 와서 자리를 꿰차고 앉을 거라는 걸 알았더라면 뭔가 달라졌을까. 아무것도 성취하지 못한 채 나이 들고 병든 자의 푸념 거리만 늘어난다. 좀 더 많은 것을 사랑하고, 노력했어야 한다는 아쉬움도 크다. 이래서 후회란 언제나 우리 뒤편에 서 있다고 하는가 보다.

더 아프기 전에 무언가를 해보겠다고 설쳐 댄 적도 있었다. 조급한 마음에 서둘러 벌인 일들은 실패라는 뼈아픈 교훈만 주고 갔다. 그런 나 자신이 실망스러웠다. 자책과 후회의 시간을 삼키는 동안 봄, 여름, 가을, 겨울이 가고, 새로운 봄이 눈앞으로 화사하게 펼쳐지고 있다.

엇그제, 4월 9일은 결혼기념일이었다. 검진 차 서울의 병원에 가 있는데 남편에게서 전화가 왔다. '결혼기념일을 그냥 보냈네.' 하면서. 예전 같으면 '그게 무슨 기념할 일이냐, 후회할 일이지.', 농담 반 진담 반 너스레를 떨었을 텐데 이제는 '응, 그러네.' 하며 순하게 넘겼다. 그것이 노년을 함께 보내게 될 남편에 대한 예의이자 고마움의 표현이다.

코로나가 서서히 물러가고 있다. 올해는 꽃이 오래도록 피어있기를 바라며 벚꽃나무 아래에 서 있다. 화무십일홍花無十日紅, 열흘 붉은 꽃이 없다했지만, 그러면 어떠랴. 하루든 열흘이든 꽃이 핀다는 사실이 중요 할 뿐이다. 만개한 벚꽃을 보고 듣고 곱씹으며 인생의 허망함을 노래해 보는 것도 나쁘지는 않으리라.

새드 무비 Sad Movie

요란한 축포가 밤하늘에 오색 수를 놓고 있다. 빛은 꽃처럼 환하게 피어났다가 일순 가닥가닥 분절되어 쏟아져 내린다. 이 순간, 실시간으로 펼쳐지는 장관은 어떤 찬사로도 표현할 수가 없다. 그저 빛과 어둠이 교차하며 만들어내는 영상에 홀리듯 빠져들게 된다.

불현 듯, 50여 년 전 보았던 영화의 한 장면이 파노라마처럼 눈앞을 스친다. 서울의 단성사라는 극장에서 본 영화였다. 시대적 배경이나 주연 배우의 이름은 가물거리지만 대충의 스토리와 장면 몇은 사진처럼 또렷하게 각인이 되어 있다.

아마도 내가 서울에 막 올라 갔을 때였지 싶다. 삼촌을 도와준다는 명목이었지만, 실은 내 의지처였던 작은언니가 결혼해서 서울로 떠나버렸고, 언니 없는 부산이 견디기 힘들어서였다는 게 더 정확할 것이다. 혼자서는 아픈 큰언니를 감당할 자신이 없었다. 신혼인 작은언니를 따라 무작정 상경을 하고 나니 서울이라는 타지에 적응하는 일도 만만치는 않았다.

퇴계로 언니집에서 을지로 쪽으로 걸어가다 보면 중간쯤에 있는 극장이 단성사였다. 그곳은 항상 많은 사람들이 줄을 서서 입장을 기다리고 있었다. 나는 한 번도 줄을 서가며 영화를 본 적이 없었기에 그들을 이해하기가 힘들었다. 얼마나 영화가 좋으면 기다림을 불사할까. 그러던 중 어느 날 슬그머니 줄의 끄트머리에 따라붙었다가 보게 된 영화가 〈금발의 나타샤〉였다.

내가 아직도 그 영화를 기억 하는 건 나타샤란 이름의 여인이 입고 있던 웨딩드레스 때문이다. 순백의 웨딩드레스를 입은 신부와 적에게 쫓기고 있던 한 군인이 시골의 작은 교회에서 결혼식을 올리고 있었다. 식이 급박하게 진행되고 있는 가운데 동료들이 축하의 의미로 교회의 종을 쏘아대던 장면이 아직도 가슴 서늘하도록 아름답게 남아있다. 탕탕탕 귀청을 때리는 총소리와 덩덩 울려퍼지던 종소리, 조마조마 하면서도 무언지 모를 카타르시스를 느끼게 했다.

식을 치른 후 남자는 떠나고, 나타샤는 체포되어 모진 고문을 당한다. 세월이 흘러 남자는 적군의 옷으로 위장한 채 그녀를 찾아온다. 결국 그들 부부는 재회를 하게 되지만, 안타깝게도 적군으로 착각을 한 아군의 총에 맞아 남자는 목숨을 잃고 만다. 마치 꽃송이가 피어나듯, 나타샤의 하얀 드레스가 붉게 물들었다. 상처를 어쩌면 저렇게 아름답게 표현할 수 있을까 싶어 감탄하면서 보았던 영화다. 지금 생각해도 울컥 목이 멘다. 사랑하는 사람의 죽음을 목격해야 했던 한 여인의 운명. 정말이지 슬픈 영화였다.

사랑을 꿈꾸던 20대, 사람은 없고 사랑만 있는, 가슴 절절한 시절이었다. 백마 탄 기사는 기척도 없고 주말이면 홀로 극장을 찾곤 했다. 친구하나 없는 서울에서 가난한 청춘이 할 수 있는 것이 고작 그것이었다. 가끔씩 가까운 명동으로 나가 보곤 했지만 화려한 쇼윈도의 불빛은 나를 더 위축되게 했고, 명동 성당의 위용은 신자가 아닌 나를 이방인으로 만들었다. 혼자 한 편의 영화를 보는 것으로 외로움을 달래던 시절, 그곳에서 수많은 영화를 만났다. 뒤집힌 배에서 극적으로 탈출

하는 〈포세이돈 어드벤처〉, 부산의 대아호텔 화재사건이 모티브였다고 하는 〈타워링〉, 오드리 햅번이 나타샤로 나오는 〈전쟁과 평화〉, 바브라 스트라이샌드의 〈스타탄생〉과 더불어 청춘을 보냈던 셈이다.

나는 슬픈 영화가 좋다. 영화를 보면서 우는 것을 좋아한다. 그 시절 나는 왜 그리도 울고 싶을 때가 많았던지. 퇴근하는 저녁, 한강의 불빛이 아름다워서 눈물이 났고, 깊은 어둠을 흔드는 물결의 소리 없는 소용돌이가 나와 닮은 것 같아 울었다. 자고 있을 때 형부가 살며시 이불귀를 눌러주기만 해도 눈물이 났다. 그저 모든 게 내 설움에 겹던 때였다.

남몰래 울고 나면 속이 시원해졌다. 울고 싶을 때마다 극장을 찾았다. 맨 뒷좌석에 앉아 영화를 핑계로 마음껏 울고는 멀쩡한 얼굴로 나올 수 있는 곳이 극장이었다.

누구나 가끔씩은 울고 싶다. 완벽한 사람이 어디 있으랴. 낯 뜨거운 실수도 하고 돌이킬 수 없는 실패도 경험한다. 의도하지 않았던 일로 인해 남에게 피해를 준다든지, 또는 피해를 입는다든지, 육신의 병으로 고통스럽다든지, 현실의 암담함이 미래를 가려버릴 때, 한번쯤은 펑펑 울며 내 안의 나를 쏟아내는 일이 필요치 않을까. 그러나 세상은 타인의 눈물에 관대하지 않다. 다만 난감해 할 뿐이다. 어두운 극장이 아니면 어디서 울어 볼 것인가.

그렇다고 눈물이 어느 때고 나오는 것은 아니다. 나이가 드니 더더욱 그러하다. 감정이 무뎌져 울고 싶다고 울어지는 것이 아니고, 웃고 싶다고 웃어지는 것도 아니다. 가슴으로 울혈이 고일 때 슬픈 영화가 마중물처럼 눈물샘을 자극해준다면 더할 나위가 없을 것이다.

얼마 전 세월호 사건에 아들을 잃은 영화 〈생일〉을 보았다. 너무나 오래도록 그 사건을 접하다보니 이제 그만 좀 했으면 하는 마음이 들 때였다. 마침 그 시기에 영화를 보게 되어 정말 많이 울었다. 한 번 터진 눈물은 걷잡을 수 없어 손수건이 다 젖도록 울었다. 실컷 울고 나서야 답답하던 가슴이 뻥 뚫렸다.

울음은 치유다. 실컷 울고 나면 남도 나도 용서가 된다. 비로소 가슴으로 서늘한 바람이 인다. 영혼까지 맑아진 듯하다.

우리나라 영화가 머지않아 세계를 정복할지도 모르는 판에 눈물이나 질질 짜는 슬픈 영화 예찬이라니. 그러나 단지 내 취향이 그렇다는 것뿐이다. 어쩌면 시대를 따라잡지 못하는 늙은이의 통속적이고 촌스런 사고일지도 모르지만.

불꽃축제가 끝나가는 모양이다. 축포소리도 점점 잦아지고 있다. 사람들이 썰물처럼 빠져나간 바다도 다시 고요를 찾아가는 중이다. 나의 시네마산책도 막을 내려야 할까 보다. 기억의 저편에서 다시 부활했던 영화 〈금발의 나타샤〉, 나의 새드 무비Sad Movie도 불꽃과 함께 사위어 간다.

낭만도둑

도둑이 들었다. 몰래 밥을 훔쳐 먹는 것으로는 모자랐는지, 부엌에 똥을 싸 놓고, 곳간에서는 쌀을 한 됫박 정도만 남겨 놓고 죄 털어 가버렸다. 날이 채 밝기도 전이었다.

할머니는 여느 때와 다름없이 새벽에 일어나셨다. 밖에 나와 보니 허연 러닝셔츠를 걸친 남자가 감나무에 앉아 있었다. 단순히 감을 따 먹으러 온 사람인 줄 알고, 마침 딸내미 집에 다니러 온 외할머니께 "사돈, 저 감나무에 도둑이 감 따러 올라 앉아 있으니 내려오면 후더까* 버리소." 하고는 동네에 있는 공동 우물에 물 길러 가버렸다.

외할머니가 마루로 나와 희끔한 어둠 속에 앉아 있는 도둑을 지켜보았더니, 그 남자는 옆집 담장을 넘어 사라져 버리더란다. 허망하게 도둑을 놓쳐버리고 곳간에 아침쌀을 가지러 갔는데 쌀이 없는 것이었다. 도둑은 쌀자루를 옆집 마당으로 던져 놓은 후 옆집과 우리 집의 담장 사이에 있는 감나무를 타고 올라간 것이었다. 그걸 두 노인네가 그냥 지켜보고만 있었으니 어떤 도둑이 제가 잡힐 곳으로 내려오려 하겠는가. 약 올리듯, 옆집으로 내려가서 쌀자루를 메고는 대문으로 유유히 사라져 버렸을 밖에.

오래전에 할머니와 외할머니, 두 분이 대청마루에 앉아서 주고받았던 이야기의 내용이다. 할머니는 없는 살림살이에 쌀을 훔쳐간 도둑이 꽤나 괘씸했을 것이다. 그러나 외할머니와 웃으면서 대화를 나누는 걸로 봐서는 그렇게 괘씸해하는 것 같지는 않았다. 중간 중간 혀를 끌끌 차시며. '얼마나 먹을 게 없었으면' 하시는 말씀으로 판단하건데 동정과 연민의 기색이 역력했다.

귀동냥을 하고 앉았노라니 갑자기 그 시절이 그리워졌다. 여름밤이면 수제비로 저녁을 때우면서도 가난이 두렵지 않던 시절이었다. 마당에 모깃불을 피워놓고 들청 마루에서 하늘을 바라보고 누웠다. 아는 노래를 다 동원해가며 목청을 높이다 보면 하늘에서 유성이 빗금처럼 떨어지곤 했다. 시골에서는 부자도 가난한 사람도 별반 차이가 나지 않았다. 곳간에 쌀이 많고 적고의 차이 정도나 되었을까. 도둑도 지금의 도둑과는 많이 달랐다. 도둑이 들어와 강도로 돌변한다거나 흉포한 사건을 일으키는 경우는 듣지도 보지도 못했다.

어쩌다 학교에서 단체 영화 관람을 가는 날이 있었다. 10리 밖에 있는 읍내의 영화관으로 나들이를 가는 셈이었다. 간만의 일탈은 우리를 들뜨게 만들었다. 울퉁불퉁한 자갈길을 걸어 읍내로 나가는 동안은 먼지를 뒤집어쓰고도 마냥 즐겁기만 했다. 돌아올 때는 삼삼오오 마음 맞는 친구들과 조잘조잘 수다를 떠느라 지루한 줄을 몰랐다. 그러다 지나가는 트럭이라도 있으면 무작정 손을 들어 태워 달라고 졸랐다. 말하자면, 옛날식 히치하이킹이었다. 그런 일이 비일비재했어도 요즘 매스컴을 달구는 흉측한 사건 같은 건 일어나지 않았다. 더러 언니가 있느냐고 물어보는 아저씨들은 있었지만, 그마저 재미진 농담정도였으니.

남의 집 양식을 훔치고도 무슨 여유가 있어 감까지 따먹고 가려고 했을까. 그건 아마 남에게 상해를 가하지 않았고 그럴 의도조차 없었기 때문일 것이다. 할머니 말처럼, 오죽 배가 고팠으면 몇 됫박 되지도 않는 쌀을, 그것도 몽땅 퍼가지 않고 아침거리를 남기고 갔겠는가. 도둑이라도 일말의 양심은 있었던 셈이다. 단지 그렇게 해서라도 배를 채워야 하는 처지가 죄라면 죄랄까.

너나없이 어렵던 시절, 그때만 해도 생계형 도둑이 많았다. 주인은 솥뚜껑 여는 소리와 달그락 찬장 문 여는 소리를 듣고도 숨죽이고 있다가 허기진 배를 얼추 채웠다 싶을 때 큰 소리로 '불이야!' 하고 외치고, 도둑은 그제야 삼십육계 줄행랑을 치던 게 사건사고의 전부이다시피 하던 시절이었다. 막상 소리는 치지만 악착 같이 쫓아가 잡지 않고 달아날 빌미를 주는 주인과, 걸음아 나 살려라 부리나케 도망을 가주는 도둑 사이에 맺어진 기막힌 무언의 협약이라니. 서로에 대한 믿음이 없고서야 어찌 그런 일이 가능할 것인가. 밥을 먹고는 양밥 삼아 부엌 한 귀퉁이에 똥을 누고 가는 행동마저도 해코지로 자신의 악행을 무마하려는 요즘의 세태에 비추어보면 차라리 귀엽다. 아무리 없어도 그저 '쯧쯧' 혀나 차지 크게 마음을 쓰지도 않았던 것 같다. 어쩌면 너나 할 것 없이 가난했기 때문일 것이다.

거지도 많았다 숟가락 하나 달랑 품속에 넣고 아침만 되면 대문 앞을 서성이며 밥 좀 달라고 했다. 할머니는 참 억척스러웠지만 마음은 언제나 여유로웠다. 밥 먹을 때 거지가 오면 항상 작은 밥상에 밥을 차려서 주셨다. 비록 반찬은 김치 한 보시기와 된장찌개 정도긴 했지만, 제사나 큰 행사를 치른 뒤에는 제법 상이 푸짐했다. 거지한테 무슨 밥상이냐, 그냥 밥이나 바가지에 좀 주면 되지, 하고 지청구를 하면 할머니는 우리더러, 비록 거지의 몰골을 하고 있지만 그 사람도 남의 귀한 아들이라며 꼭 밥상을 내어주셨다. 누구든 사흘만 굶으면 남의 집 담장을 넘게 된다는 것이었다.

예전엔 도둑조차도 상대를 배려해 쌀 한 됫박 남겨두는 양심이 있었건만 어찌하여 요즘 도둑들은 이리도 양심이 없는지, 내 자식이 귀하면 남의 자식도 귀한 법이거늘 많이 배운 사람일수록 더 남이야 어찌 되든 상관없다는 뻔뻔한 경우가 많다. 배운 것 없어도 인간이 어떠해야 하는지 근본을 가르쳐 주신 할머니와, 도둑이지만 주인의 기척에 도망가 줄 줄 알던 옛 도둑이 그리운 요즘이다. 나는 그런 도둑을 일러 낭만 도둑이라고 부르고 싶다. 도둑에 무슨 낭만이 있느냐고 물으면 할 말은 없지만.

* 후더까 : '쫒다'는 의미의 경상도 사투리

말, 말, 말.

말, 말, 말, 말의 잔치다. 요즘 사람들은 말을 참 잘 한다. 어른은 어른대로, 아이는 아이대로 주저 없이 할 말을 다 한다.

가끔 강의나 토론에 참석해보면 말言의 경주를 보는 듯하다. 듣는 귀보다 말하는 입이 단연 우위를 점한다. 남의 말이 끝나기도 전에 치고 나오는 건 예사요, 진의를 파악조차 하지 못한 채 삼천포로 빠지는 경우도 허다하다. 와중에도 똑 부러지게 자신의 느낌을 이야기하고, 질문을 하며, 문제점까지 제시하는 사람들을 보면 나는 참 바보라는 생각이 든다. 나로서는 도무지 질문할 게 없고, 반대로 질문을 받을까 몸을 움츠린다. 혹여 뭐라도 시킬까봐 애써 눈을 피하기까지 한다. 그런 자리에서 여유가 넘치고 천천히 적절한 단어를 찾아가면서 말하는 사람은 감탄을 넘어 두렵기까지 하다.

말을 똑 부러지게 잘 하는 사람을 보면 은근히 정이 안 가기도 한다. 반면 똑 부러질 것 같은 사람이 의외로 부끄러워한다든지 목소리가 떨리는 걸 들으면 인간적으로 느껴지고 경계가 풀어지면서 한 발 다가서게 된다. 어찌 되었든, 잘하고 못하고를 떠나 말에는 진정성이 느껴져야 한다는 건 변함없는 진리인 것 같다.

비겁하고 소심하지만, 묵묵히 듣고 앉아 그들을 채점한다. 저 사람은 말을 참 잘 하는구나. 차분하고 적절한 비유에다 요점만 말하는 간결함까지 몇 점짜리군. 저 양반은 말에 두서가 없어. 자기도취형에다 흥분했구나. 다혈질의 사람일거야. 경상도 사람 같아. 저 사람이 인용하는 말은 틀렸어. 그리고 너무 지루하게 말하는군. 이런 식이다. 나는 한마디도 못하면서 잘난 척 평가를 해보지만 그러는 나 자신이 한심스럽기도 하다.

나는 왜 사람들 앞에서 말하길 두려워할까. 나름대로 분석

해본다. 첫째는 경험이 충분치 못한 때문이고, 둘째는 자신감이 없는 탓이고, 셋째는 완벽해야 한다고 생각하는 마음이 문제인 것 같다.

나는 자랄 때 종갓집 어른들 속에서 막내로 살았다. 할머니와 삼촌, 엄마, 그리고 위로 언니 둘, 여섯 식구였다. 나는 언니들에 비해 야무지지 못하고 어수룩하고 무뚝뚝하며 고집이 세고 요령이 없었다. 어른들이 심부름을 시키려면, 말을 전달해야 할 것은 작은언니를, 물건만 전달하는 것은 나를 지목할 정도였다.

매일 마루를 닦고 설거지를 하고 할머니 고무신까지 씻어 엎어놓고, 일을 많이 했지만 야무지게 한다는 소리는 듣지 못했다. 그저 휜하게 한다고만 했다. 반면, 뱅실뱅실 꾀만 부리다가 마음 내켜야 손을 움직이는 언니에게는 구석구석 야무지게 한다고 칭찬이 내려지곤 했다. 억울했던 적이 많다.

층층시하가 따로 없었다. 어른보다 숟가락을 먼저 들면 아래위 모른다고 야단맞고, 밥 먹다가 소리를 내면 품위 없이 먹는다고 꾸중을 듣고, 맛있는 음식에 젓가락을 갖다 대기만 하면 다른 사람 배려 안 한다고 혼이 났다. 코 푼 휴지를 마당에 버리면 공중도덕 안 지키게 된다며 그 휴지를 든 채 벌을 서고, 공부 열심히 안 한다고 나중에 사람들한테 무시당한다는 말을 들으며 자랐다. 때리면 잘못했다 소리를 안 해 매를 번다고 하면서, 저 고집을 누가 막을까라는 말을 후렴구처럼 붙였다. 말 똑똑하게, 알아듣게 하라는 소리를 신물 나게 들었다. 심지어는 아버지를 닮은 것조차 꾸지람의 이유가 되었다.

학교에서는 달랐다. 노래도 잘하고, 무용도 앞에 나가 시범을 보일 정도로 인정받았다. 백일장에 나가서 큰 상도 타고 운동 실력도 남 못지않았다. 나름 예능 방면으론 잘하는 축에 들어갔건만, 집에서는 언니보다 무용도 노래도 글도 못한다는 소리만 듣고 자란 탓에 자신감은커녕 매일 주눅만 들어 살아왔다. 엄마는 항상 나더러 물가에 앉혀놓은 애 같다며 불안해했다.

인물도 내가 제일 못하다고 나를 "우리 못냄이, 우리 못냄이"하고 불렀다. 큰언니는 눈, 코, 입이 크고 이빨이 가지런해서 내가 보기에도 정말 예뻤다. 그래서인지 시원시원하고 서구적인 미모라 했고, 작은언니는 갸름한 얼굴에 콧날이 오뚝해서 인형 같고 까놓은 밤톨처럼 예쁘다고들 했는데 나는 그저 순해 보이고 평범하게 생겼다고 맏며느릿감이라고만 했다. 형제 중 못냄이로 자라다 보니 모든 것에 자신감이 부족

했고, 또 꾸중을 들을까봐 사람 많이 모인 곳에서는 나서지를 못했다. 그것이 내가 말에 약한 이유라면 이유고 변명이라면 변명이다. 그래선지 내 마음을 꼭 전달해야만 하는 경우나 뭘 조목조목 따져야 할 경우는 말보다 글이 더 편하다.

그러나 지금은 소리가 지배하는 세상이 아닌가. 요즘같이 제 목소리를 내야만 하는 세상에서 말하는 게 두려운 것은 때때로 나를 난감하게 한다. 나도 당당하고 여유 있게 내 의견과 느낌과 유머를 내보이며 주눅 들지 않는 모습으로 서고 싶건만 이제 병조차 떨리는 병에 걸려버린 이 노릇을 어쩌면 좋으랴.

하긴, 말 많은 세상에 나 하나쯤 입을 닫는다고 해서 누가 뭐라 하랴. 다만, 핑계 없는 무덤 없다고, 말 없는 지면을 빌려 변명 아닌 변명을 해보는 참이다.

근황

누군가 저를 궁금해 하신다고 하네요. 저는 정확히 3년 7개월 전 서울에서 뇌심부자극술이라는 수술을 받았고, 지금은 부산의 D병원에 내원 중인 20년 차 파킨슨 환우입니다. 내세울만한 것이 아픈 것뿐인 사람이지만 제 근황을 물어주는 이가 있다는 사실에 조금은 설렙니다.

발병 초기에는 진료를 받기 위해 울산에서 부산까지 왕래를 했지요. 집 앞에서 마을버스로 시외버스 터미널까지, 그곳에서 부산까지 버스를 갈아탔습니다. 사실 그 정도면 엄살을 부릴 일도 아닙니다. 다시 지하철과 셔틀버스까지 동원을 해야 병원에 도착을 할 수 있었답니다. 타고 내리고, 타고 내리고…, 무려 네다섯 번씩이나 반복을 하다보면 진료를 받기도 전에 녹초가 되어버리곤 했지요. 한 시간여를 기다려 고작 2~3분 정도 진료를 받고, 두어 시간 기다려 약을 탔습니다. 왔던 길을 되감아 집에 도착을 하면 하루해가 꼬박 저물어 버렸지요. 의사 얼굴 한 번 보겠다고 가져다 바친 시간이나 정력에 비해 진료시간은 너무나 짧아 차라리 허무하기까지 했습니다.

"그동안 어떻게 지냈습니까?"

의사의 문진은 대개 이런 식으로 시작됩니다. 저의 주요 증상은 떨림이었기에 "손이 떨리고…." 상태를 설명하려들면 의사는 아주 냉정한 얼굴로 제 말을 자르곤 했습니다. "떨림에 대해선 말하지 마세요. 그건 문제가 안 됩니다. 굳음이 문제지요." 그렇게 말하는 의사가 정말 야속했답니다. 성치 않은 몸으로 그 먼 길을 짚어 간 성의를 생각해서 잠시만이라도 귀를 열어주면 어디가 덧나는지. '차라리 묻지를 말든지.' 저는 잔뜩 불만에 찬 마음으로 혼잣말을 구시렁거렸지요.

그때만 해도 의사는 제게 전지전능한 하느님보다 더 대단한 존재였지요. 유행가 가사처럼, 의사 앞에만 서면 한없이 작아지는 기분이 들었어요. 내 지갑을 열어 의사의 시간을 사는 것인데도 마치 시간을 공으로 뺏는 것처럼 말이지요. 우물우물, 딱 부러지게 말도 못하고 처방해 주는 대로 약을 받아오는 게 고작이었습니다. 그리곤 의사에게 '찬물단지'라는 별명을 붙여 주는 것으로 소심한 복수를 했지요.

모름지기 치유의 과정에는 육신과 정신이 모두 포함될 텐데요. 의사의 말이 구구절절 맞기는 하지만, 그래도 꼭 그렇게 말해야 했을까 싶어지더라고요. 의사는 친절하게 말할 줄 알아야 한다고 생각합니다. 그게 어렵다면 미소라도 지니든지요. 그런데 제 담당의는 둘 중 어느 하나도 가지고 있지 않은 것 같았어요. 그 병원에 다녔던 7~8년 동안 단 한 번도 웃는 모습을 보지 못했으니까요.

아, 딱 한 번 본 적은 있었어요. 어느 날 진료를 받기 위해 기다리고 있는데, 먼 곳에 출장이라도 다녀왔는지, 직원들을 향해 "잘 있었니?" 하며 활짝 웃더군요. 그때 그 환한 미소가 어찌나 반가운지 하마터면 제가 "네." 하고 대답할 뻔했습니다.

사실 난치병을 앓고 있는 환자들에겐 친절한 눈빛이나 부드러운 미소가 일차적인 치료제랍니다. 특히 저 같은 사람은 작은 칭찬이나 유머 한마디면 '어머나!' 하고 넘어갈 텐데 말입니다. 환자들이야 늘 우는소리지요. 손이 많이 떨립니다, 걸음이 걸리지 않습니다…. 골치가 아프겠지요. 그래도 "손이 떨리는 것이 코가 떨리는 것보다 낫잖아요." 하고 너스레라도 떨어주면 얼마나 멋있을까요.

그게 안 되는 사람도 있긴 하죠. 천태만상의 사람들이 고통을 호소하는 곳이 종합 병원이라 본의 아니게 각박해지기는 할 겁니다. 그래도 따뜻한 말 한마디 정도는 건넬 수 있으면 좋을 텐데 하는 아쉬움이 늘 있었지요. 그땐 다른 환자들에 비하면 그나마 상태가 좋았기에 그걸 위안 삼으며 의연할 수 있었답니다.

그러다 부산행이 좌절되는 일이 생겼습니다. 어느 날 등산을 하다가 발목뼈가 부러지는(3과 골절) 큰 사고를 당하고 말았거든요. 부득이 예약 날짜를 조금 미루어야 했습니다. 병원에 전화를 했더니 석 달이나 기다리라고 하더군요. 참 섭섭했습니다. 그 병원에 근 10년을 다닌 환자인데 조그마한 편리도 안 봐주나 싶더군요. 석 달을 기다릴 수가 없었습니다. 약 없이는 단 하루도 견딜 수 있는 병이 아니니까요.

하는 수없이, D대학병원과 이별하고 가까운 울산의 준종합병원 신경과에서 약을 처방받기 시작했습니다. 작은 병원의 장점은 시간적인 여유지요. 그곳에서는 의사와 격의 없이 지냈습니다. 젊은 의사 선생은 제 유머를 이해해 주더군요. 옷차림을 칭찬해주기도 하고 농담도 나누며 환자가 아닌 인간으로 대접해 주었습니다. 덕분에 마음이 많이 편해지고 몸도 그럭저럭 견딜 만 했습니다.

그러다 부산으로 이사를 했고, 제대 후 복학한 아들을 보기 위해 성치 않은 몸을 이끌고 서울을 오르락내리락하게 되었습니다. 그때부터 고난의 시절은 막이 올랐습니다. 병이 차츰 진행되었고 약도 잘 듣지 않았습니다. 울산에서 부산으로, 부산에서 양산으로, 양산에서 부산으로 삶의 수레바퀴를 따라 병원 순례를 할 수밖에 없었지요.

결국 서울에서 수술까지 하게 되었습니다. 머릿속에 칩을 심어 병과 주파수를 맞추는 수술이었습니다. 우여곡절 끝에 수술은 받았지만, 매우 다급한 상황이라 병원비가 남들보다 곱이나 들었습니다. 그래도 처음엔 수술 결과가 너무 좋아서 참 잘 했다 싶더군요. 이제 아팠던 기억은 옛 얘기로 웃으며 말하겠다 싶을 만큼 예후가 좋더니, 제가 관리를 잘 못한 건지 점점 나빠지는 겁니다. 서울까지 오르내리며 전압을 맞추려 노력했지만, 몸은 기계의 명령에 고분고분해지지 않았습니다. 더는 다니기가 힘들어 결국 다시 가까운 부산의 병원으로 옮기기로 했습니다.

병원을 옮기겠다고 했더니 수술을 집도했던 의사는 매우 기뻐했습니다. 고민을 많이 하다가 그래도 제 친정 같은 D병원이 나을 것 같아 그곳으로 결정을 했습니다. 단, 처음 진료했던 의사가 아닌 다른 의사를 선택해서요.

그동안 D병원은 많이 변했더군요. 병원도 증축되었고, 제가 다닐 때는 하지 않았던 수술도 하더라고요. 처음엔 의사의 태도가 아주 냉담했습니다. 타 병원에서 수술을 했는데 뒤처리는 왜 자기가 해야 하느냐는 거지요. 자기는 실력이 부족해서 못한다면서 돌아앉더라고요. 정말 당혹스럽더군요.

두 말도 못 하고 진료실을 나와 곰곰이 생각해 보았습니다. 의사는 제 사정을 알지 못하고 제가 설명할 입장도 아니었습니다. 반면에 의사의 처지도 이해가 되었습니다. 사람은 누구나 다 자기 입장이 있는 것 아니겠습니까. 이해는 되지만 저도 그냥 돌아갈 수는 없었습니다. 마지막 보루와도 같은 곳이었으니까요.

의사가 진료를 마칠 때까지 기다렸습니다. 그리고 매달렸습니다. 치료받게 해달라고. 그때의 심정은 내가 왜 살아서 이런 수모를 받아야 하나 싶은 마음과, 의사라고 다 인격자일 수 없다는 마음이 동시에 들었습니다. 참으로 제 삶이 남루하다고 느꼈습니다.

이제 와서 이런 구질구질한 얘기를 왜 하느냐고 하면 할 말은 없지만, 우리 나이쯤 되서 인생이란 걸 펼쳐보면 다 그렇고 그렇잖아요. 사연 없는 사람이 어딨고 곡절 없는 삶이 어디 있겠는지요. 삶이란 희비쌍곡선이 아니던가요. 속된 말로, 의사가 의사가 되어 환자를 돌보는 것은 그 사람 팔자고, 제가 환자가 되어 의사의 눈치를 보고 살아야 하는 건 제 팔자입니다. 사실 지금도 의사 앞에만 서면 주눅이 듭니다. 제 상황을 설명하면서 요구할 건 떳떳이 해야 하는데 그게 잘 안됩니다. 죄인 마냥 구시렁구시렁, 입속에서만 맴도는 말을 삼키고 진료실 문을 나서면 바보 같다는 자괴감에 빠지게 됩니다.

저는 제 병을 바보병이라 부르고 싶습니다. 점점 가면을 쓴 것처럼 얼굴이 경직되고, 할 수 있는 일이 줄어드니까요. 자세가 굽어지고 표정도 없어지고 생각대로 말이 나오지 않으며 자신감이 바닥을 치는, 바보 같아지는 병.

나이 40을 넘으면 자신의 얼굴을 책임져야 한다는 말이 있는데 얼굴에 내 표정을 담을 수 없다는 사실에 화가 납니다.

울고 웃고 화내고 감동하고, 내 안의 나는 순간순간 오만가지 감정으로 살아있음을 외치는데 그것을 표출할 수 없다는 사실이 슬퍼지네요.

저는 한때 이런 생각을 한 적이 있었습니다. 이왕지사 병이 들 것 같으면 좀 고급스럽고 우아한 병이나 들지, 하고요. 꼭 바보 같은 병이 들어 사람들 앞에 나서기도 힘들게 하냐고 투정을 부린 적이 있었는데, 이제와 생각해 보니 병 들면 다 거기가 아닐까 싶습니다. 병에 고급스럽고 어쩌고가 어디 있을까요. 철딱서니 없는 투정이었지요. 제가 환자로 살아야 하는 운명이라면 그렇게 살아야지요. 운명은 순응하는 자는 모셔가고 반항하는 자는 끌고 간다지 않습니까.

오늘 저랑 증세가 비슷한 사람의 전화를 받고 제 근황을 적어보았습니다. 힘들 내시고요. 운동 많이 하시고 비록 낫지 않은 병일지라도 자신을 사랑합시다. 하늘도 스스로 돕는 자를 돕는다고 하지 않습니까. 세상에 불필요한 존재는 없답니다. 나는 또 누군가의 존재 의미가 되기도 하니까요.

참, 제 상태는요. 키 157cm, 체중 55kg, 혈압 99에 60mmHg, 오른쪽 전압 3.2 왼쪽 전압 2.8, 먹는 약 미도파 하루 3번, 피케이 멜즈 하루 두 번, 미라팩스 서방전 0.375 먹고 있고요.

약을 많이 먹으면 말이 안 나오고 적게 먹으면 걸음이 안 걸어지는 딜레마에 빠져있습니다. 키도 줄었습니다. 키를 덜어줄 손주도 없는데 점점 작아지네요. 가족들은 몸무게가 무려 8kg나 늘어서 편안해 보인다는데 친구들은 개성이 없어 보인다 하고요. 좋은 점은 불수의가 사라져 남들이 좋아졌다고 말할 때, 나쁜 점은 하지 불안증 때문에 보행이 편치 못하다는 것. 그리고 기운이 달려서 어떤 때는 말하기조차 힘들다는 것 정돕니다. 감정 기복도 심하고 허리도 몹시 아프네요. 간혹 환청과 환시가 나타나 당황스럽지만, 아직 여우 꼬리 만 한 희망이라도 잃지 않으려 합니다. 희망인지 집착인지 잘 모르겠습니다만, 희망일 거라고 억지를 부려보렵니다.

살아서 좋은 것이라면 무엇보다 사고할 수 있는 능력이라고, 그녀는 주억거렸다.

그리하여 그녀는 삶과 죽음의 대차대조표를 쓰며 보낸

5일간의 일기를 남길 수 있었는지도 모른다.

3부

병상 일기

미안해

희야, 미안하다
선 없는 선을 타고 취기가 건너온다

이 친구는 술만 마시면 전화한다
맨 정신에 못하는 말 술힘을 빌리는가
술이 나를 떠올리게 하는 각성제다
나는 할 말이 없어, 미안하면 미안해라, 하고 만다

또 다른 친구도 전화를 한다
영희야, 미안하다

오늘은 동창회다
내 얘기가 나왔나보다
나는 애써 한 옥타브 올려 선수를 친다
욱아, 동창회 못 가서 미안해

친구들은 미안하다
나는 아픈데 자기들이 건강해서
아픈 나를 두고 자기들이 즐거워서…
나는 또 미안하다
내가 아파 친구들을 미안하게 만들어서

우린 서로 미안하다
미안하다고, 말하지 않아도 미안하고
말을 해도 미안하다

꽃다발

네, 네,
전화 받고 나간 남편
늦은 밤 향 짙은 꽃다발을 앞세우고 돌아온다
분홍빛 장미 한 다발 내 품을 밝힌다

-웬 꽃이야, 이 밤중에
-당신 주라고 김 부장이 사주네
-이제 늙었는지 꽃도 별로야, 그냥 저기 화병 꺼내 꽂아둬
-이거 비싼 꽃다발이야
-그러게 돈다발이지

아침에 일어나니 분홍빛만 남았다
밤사이 우렁각시 왔다갔나
돈다발이 꽃다발 되었네

새해 소망

새해엔 보통 새로운 계획을 세우는 것으로 다시 시작을 위한 마음을 다잡는다. 그러나 난 언제부턴가 계획이 세워지지 않는다. 세워보았자 계획대로 된 적이 별반 없었기 때문이다. 계획 대신 단단히 다짐을 한다.

해가 바뀐 지 벌써 열흘이다. 새해는 내게 앞으로 각오하라는 듯 혹독하게 왔다. 날씨도 좋지 않는데다 12월의 마지막 주에 한 위내시경 검사 결과는 위의 상태가 더 악화되었다는 통보로 날아왔다. 엎친 데 덮친다고, 20년 지기 파킨슨은 내 몸의 힘이란 힘을 몰강스레 빼앗아 가버렸다.

눈도 뜨이지 않고 앉아 있기도 힘들다. 옆으로 돌아 눕는 것마저도 쉽지 않다. 쉴 사이 없이 떨리는 머릿속과 얼굴, 동작 되지 않는 몸의 상태가 하루 중 삼분의 이다. '이런 적은 없었는데…' 하는 불안감과 '괜찮아질 거야.' 자위하는 마음으로 종일 갈피를 잡을 수 없다. 틈틈이 찾아오는 근육의 긴장은 참아 오던 비명까지 지르게 만든다.

그럴 땐 절로 눈물이 난다. 끝도 없는 싸움에 지칠 대로 지친 상황이다. 약해지는 나를 노렸던 것인지, 절망과 좌절의 부정적인 감정들만 나를 에워싼다. 이렇게 살 바엔 차라리…, 싶은 마음이 들 때가 많다. 온종일 '약이 돌면 나가야지,' 움직이지 못하는 육신에 촉수를 가져다 댄다. 내 몸이 자유롭게 되기를 기다린다.

자유, 자유란 어떤 것인가. 나 혼자 내 의사로 움직일 수 있는 것이 자유다. 자기 스스로 문을 열고 나갈 수 있어야 진정한 자유지 누가 열어줘서 나가는 건 자유가 아니라고 했다. 몸의 자유를 빼앗긴 상태, 나는 파킨슨이란 지배자에게 자유를 차압당했다.

정신력, 강한 의지, 긍정적 마인드, 이런 것도 통하지 않는다. 언제 어느 시점에서 어디를 공격할지 예측할 수가 없기 때문이다. 그러나 그런 그를 나는 사랑해야한다. 그와 동거 중이고, 앞으로도 그래야 하니까.

난 사실 바깥을 사랑한다. 바람과 새와 꽃, 산과 들, 강과 바다가 다 바깥에 있지 않는가. 초겨울 볼에 닿는 찬바람을 사랑하고 푸른 잔디를 사랑하고 수시로 변하는 바다도, 서산에 지는 노을도 사랑한다. 길가에 핀 들꽃을 보며 햇빛 속을 천천히 걷는 동안 후드득 날아오르는 새들의 날갯짓도 사랑한다. 그리고 무엇보다 사람을 만나서 이야기 나누기를 좋아한다. 상대를 응시하며 내 표정을 짓고 싶다. 때론 분노하고, 때론 쓸쓸해하는 표정, 때론 기쁘고 환하게 내 감정을 얼굴에 담고 싶다. 그저 자신감 없는 무표정한 얼굴로 어색한 미소를 흘리는 건 원래 내 것이 아니었다.

생활에 멋을 부리며 살고 싶었다. 멋있게 늙고 싶었다. 준비는 다 되어 있는데 신은 내게 그걸 허락지 않는다. 용심이 많은 건지, 나를 질투하는 건지. 이미 나는 내 것이 아닌 열망, 열정이라는 단어, 멋 부림과 자유, 아니 가장 기본적인 인간으로서의 존엄조차 포기했는데 아직도 인내해야 할 무언가가 남아 있는 것인지.

새해 벽두에 또 다짐을 해본다. 몸은 비록 병으로 무너졌으나 정신은 살아있어야 한다고. 병 앞에서 당당해지리라. 내가 죽을 때까지 가져갈 나의 자존심, 나의 마지막 보루만은 결코 내어주지 않겠노라고.

내가 좋아하는, 가수 강산에의 노래가 듣고 싶다.

'굴하지 않는 모습 같은 마음 있으니~'

병상일기

우수수, 낙엽을 흩날리며 가을이 가고 있었다. 이따금 불어오는 바람이 앙상해진 나무들의 빗장뼈 사이로 우울한 곡조를 켜곤 했다. 마음만큼 날씨도 추운지, 사람들의 발걸음이 빨라졌다. 가끔씩 헐렁한 환의 위로 겉옷을 덮어 입은 환자들만 쓸쓸한 정원을 서성거렸다. 그녀도 최근 며칠 동안 살아있음을 온몸으로 느끼면서 저곳을 거닐었다.

그녀는 뇌심부자극술이란 수술을 받았다. 가슴에 배터리를 심고 양쪽 머리엔 구멍을 뚫어 관을 연결하는 대수술이었다. 새벽 6시에 수술실로 들어갔건만 병실에서 눈을 떴을 때는 어둑어둑 해가 지고 있었다.

환자에겐 참으로 두려운 수술이다. 수술이 행해지는 동안 환자는 깨어있어야만 한다. 의식이 있는 상태에서 머리에 드릴로 구멍을 내는 것을 상상하면 두렵기 그지없는 일이었다. 그러나 다행히 그녀는 아무것도 기억나지 않았다. 머리를 고정시키느라 이마에 쓴 프레임이 낸 상처가 그 순간의 고통을 말해 줄 따름이었다. 잠결인지 현실인지 모르지만 묻는 말에 대답한 것은 어렴풋이 기억났다. 그 상태에서도 질문에 대답을 한 모양이었다.

생명을 관장하는 일은 신의 영역일까, 인간의 선택일까. 딱히 종교를 갖고 있지는 않지만, 암울함이 밀려올 때마다 그녀는 '살려 주세요.' 대신 '신의 뜻대로 하소서.' 라고 기도한다. 죽고 사는 건 어느 누구의 선택일 수도, 영역일 수도 없다는 것이 그녀의 지론이다. 그것은 그저 자연의 순환이고 법칙일 따름이기에 순응하는 것 외에 달리 방도가 없다고 생각하는 것이 병에 애면글면하지 않는 나름의 방법이 되어 왔다고 할까.

그녀가 파킨슨씨병과 동행한지는 꽤 오래되었다. 그녀가 가입해 있는 환우들 카페에서는 그 병을 일컬어 고통종합선물세트라고 말한다. 이 불치의 병은 처음엔 별로 고통스럽지 않지만 진행과 동시에 몸 구석구석을 아프게 한다. 다리가 꼬이고 변비가 생기고 가슴이 답답하고 연화장애가 생긴다.

병으로 인해 그녀는 많은 것을 잃고 살았다. 그리고 지금도 잃어가고 있다. 크고 작은 세속의 욕망에서부터 여자로서의 아름다움이나 자신감이 언제부터 사라졌는지 기억에 없다. 무엇보다도 그녀는 자신의 오늘이 두려웠다. 그리고 부끄러웠다. 겉으론 '내가 왜? 죄 지은 것도 아닌데….' 하며 당당한 척 했지만, 사실 점점 굳어가는 얼굴도, 사람들 앞에서 사시처럼 떨고 있는 스스로도 부끄러웠다. 무엇보다도 가족들에게 면목이 없었다.

자력으로는 결코 벗어버릴 수 없는 것이 이 병이다. 15년의 투병생활 동안 그녀는 병을 끌어안은 채 병과 친하고자 했다. 그러나 병은 그녀와 보조를 같이 하지 않았다. 날로 눈부시게 발전을 해서 최근엔 두 번이나 응급실로 실려 가야만 했다. 그러나 별 뾰족한 방법이 없어 그냥 돌아오기 일쑤였다. 희망이라곤 여우 꼬리만큼도 없는 현실 앞에서 하루하루 시간이 갔다. 그러나 그 정도로는 죽지 않는다는 것을 그녀는 알고 있었다. 죽지 않으면 어떻게든 살아내야 했다.

그녀는 4개월 뒤로 잡힌 예약 날짜를 앞당겨 달라고 병원

측에 자주 전화를 했다. 그 덕택인지, 일단 입원해서 검사를 받으라는 허락이 떨어졌다. 몸과 마음이 파김치가 되었지만 전장에 임하는 병사처럼 전의를 굳건하게 가다듬었다.

어느새 10월로 접어들어 가을이 깊어가고 있었다. 병원 뜰엔 흑장미가 붉게 피었고 가을의 상징인 구절초가 흐드러졌다. 한층 깊어진 연못 속으로 청명한 하늘이 내려앉고, 막 단풍이 들기 시작하는 나무도 울긋불긋 가라앉아 있었다. 그녀는 자조 섞인 어투로 혼잣말을 내뱉었다. '더럽게 좋은 계절이구먼.' 그녀는 조금 우울했다. 다시 이 아름다운 풍경을 만나볼 수 있을까, 하는 의구심 때문이었다.

그녀에게 주식主食이나 다름없던 약을 끊으면서 약물 반응 검사가 시작되었다. 15년 동안 약의 힘으로 버틴 그녀의 몸은 팽팽한 긴장감으로 곧 터져 버릴 것 같았다. 처음엔 가벼운 통증이 왔다. 그 정도라면 참을 수 있겠다고 생각했는데 점점 심해지는 것이었다. 몸의 꼬임은 절정에 달해서 온몸이 뜨거운 불에 올라앉은 오징어 같았다. 증상은 발가락부터 시작되어 서서히 심장으로 이동한다. 그러다 어느 순간 숨이 턱 막힌다. 변을 볼 수 없었던 복부는 가스가 가득 차 단 한 발자국도 옮길 수 없다. 아니, 모든 동작이 일시 정지된다. 뭔가 아주 질기고 끈적끈적한 것에 결박을 당한 기분이었다. 그럴수록 온몸의 근육은 팽창할 대로 팽창한다.

그녀는 얼마 전에 만났던 환우를 떠올린다. 그녀가 병원에 오기 전에 만난 남자는 이 약물반응검사를 못 참아 차라리 자신을 침대에 묶어 달라고 했단다. 또 누군가는 약을 주지 않으면 8층에서 뛰어 내리겠다고 했다는 것이었다. 그러나 그녀는 참아 냈다. 아니, 참아 내었다는 표현은 적절치 않다. 달리 방법이 없으니 그저 견뎌낸 거였다.

하루사이 수척해진 그녀는 걸음조차 걷지 못했지만 환우들의 카페엔 이렇게 썼다. 하루사이에 4Kg을 너끈하게 감량하고 왔다고. 의사 선생은 그녀를 보고는 혀를 끌끌 차면서 한 알의 약을 적선하듯 주었다. 그리고 1시간 후 한 알, 30분 후 또 한 알, 악몽 속을 걷듯 긴 하루를 악착으로 버텼다. 저녁밥상을 앞두고 아무런 감정도 없이 눈물만 주르륵 흘렸다. 왜 사냐고 물으면 그냥 웃지요, 어느 시인의 구절을 흉내 내며 애써 의연한 척을 했다.

다음날은 일요일이라 하루 종일 pt멜즈란 주사를 꽂은 채 엑스레이를 찍고, 소변검사, 피검사 등등 비교적 가벼운 검사가 이어졌다. 때때로 폭풍처럼 찾아오는 통증으로 울고 웃으며….

3일째, 전날저녁부터 금식에 들어가고 오전 8시부터 본격적인 검사가 시작되었다. 폐활량 검사를 시작으로 혈관을 확장해서 찍고, 자기공명 MRI, PET, 그리고 무슨 방사성 검사 등, 차가운 의료기기들이 수없이 그녀를 훑어 내렸다. 오후엔 배도 고프고 얼굴도 떨려 검사를 못할 지경이었지만 그들은 그녀를 결박해버렸다.

손과 발을 묶고, 흔들리는 턱을 넓은 밴드로 고정시키고, 이마도 기기에 단단히 동여매 버렸다. 그렇게 20분 동안 통 속에 갇혔다가 나오니 세상이 빙글빙글 허공을 밟는 듯 했다. 간신히 방으로 돌아와 시계를 보니 오후 6시, 하루 종일 검사를 한 셈이었다. 저녁으로 흰 죽 한 그릇이 나왔다. 그 죽을 사약처럼 삼켰다.

5일째, 마지막 검사는 인지능력검사다. 이 검사는 매년 하는 것이라 문항을 거의 외우고 있다. 조금 다르다면 좀 더 심도 있고, 다양한 방법이 동원되고, 가족이 동참하는 것이었다. 의료진은 검사결과가 아주 높게 나왔다면서, 수술을 하면 좋아질 것이라는 희망의 메시지를 전해주었다.

모든 검사가 끝난 건지, 신경외과 의사가 수술일정을 이야기해 주었다. 마침 예약되어 있던 환자 한 분이 취소하는 바람에

날짜가 앞당겨졌다고 했다. 검사만으로도 녹초가 되어 버린 그녀에게는 더 이상 두렵고 불안할 기력조차 남아 있지 않았다.

병원에서 그녀가 묵었던 방은 하루에 84만 원짜리 특실이다. 주방엔 냉장고와 전자레인지, 커피포트와 가스가 설치되어 있고, 욕실에는 두 사람이 같이 들어가도 비좁지 않을 만큼 크고 둥근 욕조가 갖추어져 있다. 넓고 긴 소파와 고가의 독일식 침대까지 눈이 휘둥그레질 정도다. 접고 펴지는 기능이 탁월한 그 침대 위에서도 그녀는 거의 뜬눈으로 밤을 새웠다. 바닥에 요가 매트를 깔고 누워보다가 소파에 고개를 처박고 고통을 참으려 애쓰며 몸부림으로 하루하루를 넘겼다. 아이러니하게도 건강할 때 가질 수 없었던 것을 죽음 앞에서 가질 수 있었으나 고통은 그마저도 무색하게 만들었다. 살아서 좋은 것을 들라면 헤아릴 수 없이 많지만, 무엇보다 생각할 수 있다는 것, 곧 사고 할 수 있다는 것이라 그녀는 주억거렸다. 그리하여 그녀는 삶과 죽음의 대차대조표를 쓰며 보낸 5일간의 일기를 남길 수 있었는지도 모른다.

그 한 달 후 그녀는 수술실로 들어갔다. 그 시각, 서쪽 하늘엔 11월의 석양이 마지막 붉은빛을 발하고 있었다.

사람을 만나다

옛사람이든 새로운 사람이든 간에 사람을 만난다는 것은 약간의 긴장감과 설렘을 동반하지요. 덕분인지, 오늘아침 컨디션도 그리 나쁘지 않았습니다. 시간을 맞추어, 저의 일용할 양식이기도 하거니와 주식인 약부터 챙겨 먹었습니다. 혹시 빠뜨릴까봐 낮에 먹어야 할 약과 소지품을 이중삼중 확인을 했지요. 운전해 줄 남편보다 먼저 주차장으로 내려가 굳어진 몸을 풀며 간단하게 워밍업까지 하고 출발을 했습니다.

이른 시간임에도, 관광버스 출발지인 지하철 교대역은 제법 술렁거리더군요. 우리 팀으로 보이는 사람들이 삼삼오오 떼를 지어 기다리고 있었습니다. 오랜 시간 만나지 못했지만 여전히 그대로인 사람들이 한눈에 들어오더군요. 낯선 면면도 있었지만 아카데미 수강생들이려니 했습니다.

자주 보면 정이 들어 좋고, 처음 보면 신선해서 좋은 법이지요. 기존의 회원들도, 새내기들도 반갑더군요. 아직 제 인기가 남아있는지, 약자에게 약한 경상도 사람 기질 탓인지 몰라도 잊지 않고 다들 정답게 맞아주어 고마웠습니다.

차가 출발하자 떡과 음료수가 배달되더군요. 한층 즐거워진 마음으로 하루를 시작할 수 있었습니다. 제 옆에는 얼마전 아내를 요양원으로 보내고 마음과 몸이 많이 무너져 내렸을 교수님이 앉아 계셨지요. 교수님의 노고도 알고 사모님의 고통도 알기에 마음이 아팠습니다. 앞으로 다가올 저의 미래이기도 해서 더더욱 마음이 짠했습니다.

오늘의 일정을 담당하고 있는 29기 회장님과 총무님의 인사를 시작으로 자기소개와 자랑도 곁들이는 시간, 오늘의 백미는 단연코 손명월 회원이었습니다. 평소엔 아주 얌전하고 자기주장도 강하지 않던 사람인데 「적벽가」 한 소절은 정말 오랫동안 회자되리라 싶을 만큼 절창이었습니다. 한마디로

파격, 그 자체였습니다.

드디어 목적지인 이육사 문학관에 도착했습니다. 저는 예전에 한 번 방문했던 적이 있어 관람은 하지 않기로 했습니다. 체력 안배를 잘 해야 하니까요. 몇 년 전 이곳에 왔을 때 해설사의 설명이 너무나 또렷이 남아 있기도 했고요. 이육사, 그는 행동하는 독립투사였고 저항시인이라더군요. 그때를 떠올리며 홀로 문학관 앞 벤치를 서성이는 동안, 일본인들의 고문을 견디다 못해 옥사했다는 얘기를 들으며 눈물을 흘렸던 기억이 나더군요.

그들이 있었기에 오늘의 우리가 있다는 생각을 하며 그의 작품, 「광야」와 「청포도」를 가만히 읊조려 봅니다. '까마득한 날에 하늘이 처음 열리고'로 시작되는 「광야」는 꼿꼿한 기개가 느껴지고, '내 고향 칠월은 청포도가 익어가는 시절'의 「청포도」는 다소 여성적이면서도 독립을 염원하는 간절함이 배어 있어 지금 되뇌어 봐도 좋습니다. 그의 시를 배우며 자랐던 사람으로서 그에게 고개 숙여 묵념을 올렸던 생각이 납니다. 눈앞에 펼쳐진 들판과 푸르른 5월의 신록을 보며 「빼앗긴 들에도 봄은 오는가」 라는 이상화 시인의 시도 읊어 봅니다.

문학관 입구에서 육사 시인의 따님인 이옥비 여사와 사진 촬영을 했습니다. 작은 키에 밝은 미소가 참 귀여워 보이는 분이셨습니다. 시인의 딸답게 단아하고 강단도 있어 보이더군요. 여러 사람들이 번갈아 가며 촬영을 청했지만, 여든 나이에도 불편한 기색 없이 촬영에 응해주시니 얼마나 고마운 일인지요.

점심을 먹고 예끼마을을 향해 달려갑니다. 예끼마을은 새로이 생긴 것 같습니다. 전엔 없었거든요. 한마디로 말하면 예와 끼의 마을이라고 하더군요. 좀 많이 걸어야 한다기에 체력 안배가 필요한 저는 또 건너 뛰고, 연만하신 지서 어르신과 얘기를 나누는 것으로 시간을 보냈습니다. 아흔이 넘은 연세에도 건강하신 모습을 보니 일흔 밖에 안 된 저로선 참으로 부끄러웠습니다. 타고난 체질도 있겠지만 관리도 잘 하셨다는 걸 알 수 있었습니다. 언제나 절제된 행동과 부지런히 배우고 익히는 모범적인 모습을 보이시는 분이죠. 객쩍은 농담이나 흘리고 다니는 저로서는 평소엔 가까이 할 수 없었는데 오늘 모처럼 기회가 닿아 좋은 얘기를 듣게 되어 참으로 귀한 시간이었습니다.

이렇듯 우리네 삶은 무너짐 속에 일어남이 있나 봅니다. 아프지 않았을 때는 몰랐던 일과, 아파서 더 소중해진 사람과의 관계, 이런 것들이 저를 겸허하게 만듭니다. 나이 든다는 것, 어른이 된다는 것이 얼마나 쉽고도 어려운 일인지 사람 속에서 배웁니다. 그래서 사람이 그립고, 사람을 만나고 싶은가 봅니다.

보고 싶었던 사람들과 나눈 시간이 저에겐 참으로 소중합니다. 예전의 문학기행이 그저 즐겁기만 했다면 지금은 좀 더 차분히 자신을 돌아보는 계기가 되었었습니다. 사실, 요즘 허리가 많이 아파 걸음을 잘 걷지 못하는 상황이었기에 참석할까 말까 많이 망설였습니다. 그래도 스스로를 향해 할 수 있다는 걸 보여주고 싶어서 용기를 내었는데 참 잘 한 결정이었다는 생각이 듭니다.

돌아올 때는 파트너를 바꾸어 저의 보디가드를 자청한 조영규 선생님과 나란히 앉아 왔습니다. 조 선생님은 젊은 날 저희 작은 아버지랑 참 잘 지내셨다고 합니다. 지금은 돌아가시고 안 계시지만 저희들에겐 다정했던 작은 아버지를 회상하면서 추억을 공유했습니다.

아쉬운 구석이 있다면, 기행의 꽃은 돌아오는 차 속에서 이루어진다며 내심 기대하고 있었는데 노래 한 자락도 부르지 않고 내처 잠이나 청했다는 것이었습니다. 하다못해 동요라도 부르며 와야 되는데…. 전직 회장님의 과도한 열정 탓에 사진 찍기에 좋은 장소들을 듣다가 시간이 다 가버리고 말았습니다. 그러나 회장님의 노고를 알기에 그마저 귀를 열고 들었습니다. 멀미로 시달렸다는 부회장님과 총무님, 진행을 맡은 후배 두 분이 귀엽게 느껴지는 것을 보면 제가 나이가 들긴 들었나 봅니다.

어쨌든 가기를 잘 한 것 같습니다. 완벽하지는 못했지만 우리네 삶에 완벽이 어디 있겠습니까. 조금 미숙한 진행은 다음엔 더 잘 하리란 기대를 하게 하니까요. 가을엔 정말 더 건강해져서 다시 함께할 수 있기를 바라며 오늘 만큼 철이 드는 저를 느낍니다. 그렇다고, 철 들자 노망까지 드는 건 아니겠죠?

『태백산맥』을 추억하며

새벽에 집을 나선다. 안개가 잔뜩 끼었다. 비도 조금씩 내린다. 이상하게도 문학기행을 갈 때마다 비가 온다. 그런들 날씨가 대수랴. 비가 오면 오는 대로, 안개가 끼면 끼는 대로 그들 덕분에 분위기가 더 좋다고 느끼면 된다.

'아침저녁으로 샛강에 자욱이 안개가 낀다.
이 읍에 처음 와 본 사람은 거대한 안개의 강을 거쳐야 한다'

기형도의 시, 「안개」가 생각난다. 이 시를 읽을 때면 내가 그 안개 속에 오롯이 갇히는 느낌이 든다. 축축한 안개의 시를 떠올리며 떠나는 문학기행. 무작정 떠나기만 해도 좋은 것이 여행일진대, 작가의 발자취를 더듬으며 작가를 만나러 가는 길임에야 두 말할 필요도 없이 설렘의 극치다. 해마다 가는 문학기행이지만 갈 때마다 마음은 대책 없이 들썩인다. 병으로 인해 절반쯤의 자유를 빼앗겨 버린 내게는 지금만큼 밀도 높은 시간이 없다.

어제 나는 또 잠을 놓쳤다. 평소에도 잠을 자지 못해 힘겨운 밤을 보내는데 여행을 앞두면 잠을 이루기가 더 어렵다. 참으로 불가사의한 뇌구조다. 그나마 일찍 자야만 조금이나마 더 잘 수 있어 저녁도 일찍 먹고 막 설거지를 하려는데 전화가 왔다.

남편의 둘도 없는 고향 친구 양 선장님이다. 그는 아마추어 사진작가다. 마침 인근의 양산에 촬영을 갔다 오는 길인데 잠시 들르겠다는 것이었다. 내일을 생각하면 거절을 해야 하는데 모처럼 부부 동반해서 온다니 그럴 수가 없었다. 전화를 안 받았으면 몰라도 받고는 어찌 오지마라 하겠는가. 오늘이 있어야 내일도 있다는 게 나의 지론이므로 내일 일은 내일 생각하기로 하고 손을 맞았다.

감정표현이 솔직한 그 양반은 남편보다 오히려 나와 죽이 맞는 사람이다. 경비정 선장이라 어찌나 배포가 좋은지. 그 분과 같이 있으면 세상 두려울 것이 없어진다. 작달막한 키에 몸피도 작은 사람이 어디서 그런 에너지가 분출되는지 신기할 정도다.

오랜만의 만남이라 반갑기 그지없다. 주변을 의식하지 않고 거침없이 큰 소리로 떠들며 회 한 접시에 소주 세 병을 금방 비운다. 그도 기분이 좋은지 온천장에 하룻밤을 자고 갈 거라고 했다. 그런데 그건 아무래도 무리일 것 같았다. 날이 밝으면 기행을 떠나야 한다고 겨우 양해를 구하고 택시를 태워 보냈다. 집에 돌아와서 잠자리에 들었지만, 뒤채기만 하다 새벽녘에 겨우 잠이 들었다. 두어 시간이나 잤을까. 일어나 남편 식사를 챙겨두고 집을 나선 참이다.

오늘 가는 곳은 전라도 땅 벌교와 순천이다. 순천은 몇 차례 가 보았지만, 벌교는 스치듯 지나왔을 뿐 세세히 아는 바가 없다. 꼬막요리가 유명하다는 정도가 내 지식의 전부다. 어쩌다 책이나 드라마 같은 데서 '순천 주먹', '군산 주먹', 주먹들의 세계에 종종 등장하는 걸 본 것 같기도 하고.

벌교에 가서 주먹 자랑 마라는 말이 있다. 그런 선입견 탓인지 지명도 어감도 썩 좋지는 않다. 그러나 그곳에 우리 문학사에서 빼놓을 수 없는 소설, 『태백산맥』의 저자인 소설가 조정래의 숨결이 있다. 그 거대한 서사의 물줄기를 향해 차는 안개 속을 달린다.

『태백산맥』은 많은 사람이 읽고, 불어로 일본어로 번역되어 날개 돋친 듯 판매되었던 책이다. 작가 자신에게도 영욕의 삶을 안겨준 책이면서 한 시대를 온통 태백산맥의 열풍으로 몰고 갔던 책이기도 하다. 분단이란 현실 앞에서 어느 편이든 선택하지 않으면 안 되었던 사람들은 이념이 무엇인지도 모른 채 선택을 강요당했던 불행한 시대를 살았다. 형제끼리도 좌익과 우익으로 갈라져 총부리를 겨누고 죽창으로 대치해야만 했던 우리 민족의 비극사를 담아낸 소설이 『태백산맥』이다. 전라도 사투리가 많이 나와 남도의 그 쫀득거리는 말의 맛을 느끼게 해준 책이기도 하다. 그러다 보니 지금도 글 속의 에피소드가 기억이 날 정도로 인상 깊게 남아있다. 감히 짧은 독서량으로 판단하건대 경상도에 이병주와 김원일이 있었다면 전라도에 조정래와 이청준이 있었다.

일제 강점기 전후에는 유주현의 『조선총독부』, 김주영의 『객주』, 박경리의 『토지』, 최명희의 『혼불』 등 그야말로 대하

역사소설의 전성기였다. 젊었을 때는 시간 가는 줄도, 지루한 줄도 모르고 그 많은 책을 읽었다. 더러는 빌리고 더러는 사기도 했다. 아마도 내가 읽은 책 중 절반은 그때 읽었지 싶다.

그때 그 시절을 회상하노라 머릿속이 바쁘다. 지금은 책 한 권 읽는데 한 달씩이나 걸리고, 그나마 읽고 나서도 얼마 지나지 않아 잊어버린다. 총기 넘치던 그 시절에 접했던 책들만 어제처럼 또렷하게 뇌리에 남아 있을 뿐이다.

오늘은 사뭇 문학기행답다. 낭송이 있고 해설도 있다. 태백산맥이란 무거운 제목만 생각하면 인민재판이니 죽창이니 하는 살벌한 단어가 떠오르지만, 여기엔 선남선녀, 신사 숙녀 여러분이 목청 부드러운 교수님의 해설에 귀를 기울이며 태평성대를 누리고 있으니 그나마 다행이라 할까.

안개 탓인지, 날씨 탓인지, 낭송가의 목소리는 차분하게 갈앉아 있다. 하여 더 분위기가 있다. 전라도 사투리까지 동원한 낭송 한 편을 귀에 담으며 가는 길, 어느덧 안개도 걷히고 내 마음에 내려앉았던 축축함도 보시시 물기를 걷어낸다.

수술 5년 후

나는 지금 막 마취에서 깨어났다. 여긴 회복실인가 보다. 눈을 떠보니 병실 정경이 마트 창고 같다. 짐을 실은 카트가 지나가고 곧 바로 다른 환자가 나왔다. 수술을 마친 환자다.

그 순간 난 울었다. 안도의 눈물은 결코 아니다. 내 눈물의 의미는 끝나지 않는 숙제 같은 생을 감당해야만 하는 서러움의 다른 표현이다. "여긴 어딥니까?" 젊은, 의사인지 간호사인지가 나더러 묻는다. "주민등록번호 불러보세요." 하며 연신 말을 시킨다. "여긴 AS병원이고, 오늘은 3월 6일입니다."

나는 언제나처럼 명쾌하게 대답을 한다. 만점이다.

'뇌심부자극술', 일명 'DBS수술'을 한 지 어느 덧 5년이 지났다. 오늘은 배터리의 수명이 끝나 교체수술을 했다. 지난 5년을 배터리의 전압과 나의 몸을 맞추느라 거의 다 보냈다 해도 과언이 아니다. 서울까지 가서 조정 받았지만 집에 오는 순간 원점으로 돌아가 버리곤 해서 많이 실망하고 힘들었다

이상하게도, 걸음을 잘 걷게 되면 말이 안 나오고, 말문이 터지면 걸음이 걸어지지 않았다. 의사는 둘 중 어떤 것을 택하겠냐고 묻곤 했다. 그럴 때마다 난 인어공주를 떠올리며 걸음 잘 걷는 것이 좋다고 했다. 그동안 말은 충분히 했다고 생각했고, 말 많은 세상에 굳이 나까지 말을 보탤 것이 뭐가 있을까 싶었기 때문이다.

그러나 그것도 좋지 않는 것이, 사람들이 말을 못하는 나를 두고 바보 취급을 한다는 사실이었다. 나 스스로도 점점 바보가 되어가는 기분이었다. 어디 가서 글 한 자 읽을 수가 없었다. 말을 잘 하는 편은 아니지만 의사표시는 해야 되지 않겠는가. 그러나 내 입에서 나가는 것은 말은커녕 웅얼거림 정도에 그치고 말았다.

어쩌다 전화라도 할 일이 생기면 말이 목에 걸려 소리로 나오

지를 않았다. 당황하게 되니까 더듬거리기까지 했다. 코로나로 인하여 마스크까지 끼고 말을 하려니 사람들이 알아 듣지를 못해 반문하고 또 반문하고 나중엔 아예 대놓고 나를 바보 취급했다.

평소 말 많음을 소음이라고 했는데 그것도 내가 말을 잘 할 때의 일이었다. 말을 하지 못하게 되니까 소음은커녕 아름다운 음악소리였다. 그때 많은 것을 배웠다. 내가 당해보지 않는 일을 함부로 판단할 것이 아니라는 것을.

수술은 나를 때때로 불안하게 했다. 이유 없는 공포감에 휩싸이게 만들기도 했다. 그럴 때마다 나는 공격적인 사람이 되었다. 나를 방어하느라 사람들과 잘 어울리지 못했고, 그럴수록 내가 처한 상황이 두려웠다. 두려움은 또 다른 공포감이 되고, 결국 많은 실수를 저질렀다. 사람들과의 만남도 어색해졌다. 그런 나를 가족도 친구도 이해하지 못했다. 판단력마저 흐려져 금전적인 손실도 많이 보게 되었다. 그 일은 아직까지 상처로 남아 사람을 믿지 못하는 트라우마가 되었다.

아내로서 엄마로서의 자격마저 상실되어버릴 것 같은 위기감과, 이해받지 못하는 마음은 섭섭함만 쌓여갔다. 그런 나를 보는 가족들과 주변 사람들도 힘들었을 것이다. 그런 가운데서도 시간은 잘도 흘렀다. 코로나까지 가세하여 상황을 악화시키는 가운데 어떻게 살아내야 할지 갈피를 잡지 못하고 긴 시간의 강물에 떠밀려 여기까지 왔다.

사는 일은 결국 내 몫의 삶을 살아내어야만 하는 일이다. 힘들고 괴롭다고 살기 싫다고 외쳐본들 비웃음만 산다. 정말 오랫동안 살아내야 한다면 가족들은 멀어지고 친구들은 떠나가고 결국은 요양원 신세를 져야하는 상황까지 밀리게 되겠지. 그러하니 어찌 삶이 두렵지 않겠는가.

그런들 어찌하겠는가. 그때그때 상황에 맞춰 살아야지 하고 마음을 접는다. 뭐든 할 수 있을 때 해야지 싶어 이것저것 정리를 한다. 사람은 든 자리보다 난 자리가 더 표 난다고 하지 않는가, 내 마음을 접는 것 외에 할 게 없다. 그나마 내 정신이 살아있을 때 나를 갈무리 할 수 있다는 것을 염두에 두자.

앞으로 몇 차례 더 수술을 해야 할지 모른다. 오래 살수록 수술의 빈도는 더 잦아질지도 모른다. 요즘은 헛것이 보이고 환청에 시달린다. 내 귀엔 두런두런 누군가의 말소리가 들리지만 막상 문을 열어보면 아무도 없다. 내 귀가 너무 밝은가보다 할뿐이다.

하루하루 생을 정리한다, 하늘이 부르면 새털처럼 가벼이 일어설 수 있도록. 그때가 언제가 될지라도….

시간의 강물 2

「시간의 강물」이라는 글을 쓴 때가 엊그제 같은데 벌써 10년이 되어간다. 나이에 따라 시간의 속도가 달라진다니, 나는 지금 시속 70km로 달리고 있다는 얘기다. 그나마 다행이다. 내가 체감하고 있는 속도보다는 빠르지 않으니까.

그동안 많은 일이 일어났다. 그 중 제일 큰 일은 Dbs라는 뇌심부 자극수술을 받은 일이다. 뇌에 칩을 꽂고 양쪽 가슴 위에 배터리를 장착하여 전압조정으로 몸을 움직일 수 있게 하는 수술이다. 말하자면 나는 지금 사이보그 인간이다. 그래도 수술 덕분에 한동안은 좀 사는 것처럼 살았지 싶다.

사람들이 오해하고 있는 부분은, 수술만 하면 병이 완치되는 줄 안다는 사실이다. 나 또한 수술에 대한 기대치가 컸다. 그러나 아쉽게도 이 수술은 병으로 인한 다양한 증상들, 예를 들면 서동이나 불수의, 진전 등을 잡아 줄뿐이지 병 자체를 완치시켜 주지는 않는다. 병이 오지 않았던 상태로 돌아가는 것이 완치지 더 이상 진행되지 않는다고 해서 완치되었다고 말할 수는 없다. 다른 병도 마찬가지겠지만.

수술은 나로 하여금 두려움이 아주 많은 사람으로 만들어 버렸다. 두려움으로 인해 나는 종종 공격적이 되곤 했다. 별 것 아닌 일로도 언니에게 몇 번이나 대들고, 삶의 의미가 없다며 수시로 징징 울었다. 감정 조절이 안 되어 한동안 가족과 주위 사람들을 오해하게 만들기도 했다.

사람들은 묻는다. 수술한 것이 잘 한 일 같으냐고, 어떤 점이 좋고 어떤 점이 나쁘냐고. 수술을 앞두고 있는 사람이나 계획하고 있는 사람에게는 중요한 내용이지만, 그런 질문을 받을 때마다 나는 조금 난감한 기분이 든다. 나의 경우 수술만이 길이었기에 수술을 감행했다. 선택의 문제가 아니었다는 말이다. 하루에 두 번씩 응급실에 실려가다보니 수술을 하지 않고는 못 배길 상황이었다.

'좀 더 참아 볼 걸.' 하는 마음이 들지 않는 건 아니다. 그렇지만 사람마다 증상이 다르고 생각이 다르고 경제사정 또한 다르니 무어라 말하기가 어렵다. 그럼에도 불구하고 심한 불수의나 진전으로 고생하는 사람들을 보면 수술을 권하게 된다. 수술을 함으로써 받아야 하는 제약이 많지만 안 했으면 분명 더 못 견뎌 했을 것이기 때문이다.

요즘 친구들을 만나면 모두들 시간의 부질없음을 한탄한다. 뿐만 아니다. 만났다 하면 아픈 자랑이다. 여기가 아프니 저기가 아프니, 자신의 처지를 호소한다. 그것을 듣고 있노라면 나는 아프면서 오래 사는 것이 괜히 미안해진다. 농담반 진담반으로 "어휴, 자연사하기가 이리 힘들어서야원." 하며 살아있음을 변명하기도 하지만 때때로 부끄럽다.

몸이 조금만 좋으면 희망을 가지고 소박한 꿈을 꾸어 보기도 한다. 반면 조금만 나빠지면 쉽게 불안해하며 평상심을 잃고 만다. 대체 무엇이 불안하냐고, 스스로를 향해 되물어보지만 딱히 내세울 만한 답은 없다. 오래 나를 점령하고 있는 병 때문에 조울증 환자가 되어 간다고나 할까. 많이 아플 때는 고통이 영원할 것만 같아 끝없이 나락으로 떨어져버리지만 며칠 후엔 언제 그런 일이 있었냐는 듯 회복되기도 한다. 그러고 보면 시간의 흐름이 나를 다스리는 것 같기도 하다.

어제는 꽃이 흐드러지게 핀 국화 화분을 하나 샀다. 가을이면 늘 하던 짓이다. 자주 외출을 하지 못하는 형편이라 그런지, 꽃을 보면 사고 싶어진다. 봉오리가 송송 맺혀 여간 예쁘지 않아 집어들었는데 집에 가져오자마자 고작 일주일을 버티다가 시들어버렸다. 물을 주고 나름대로 정성을 들였지만 꽃을 피우지 못하고 새들새들 지고 만다. 서리가 내릴 때까지 피고 지던, 예전의 우리 집 꽃밭에서 왕성하던 국화가 아니었다. 상술에 속은 것만 같아서 기분이 좋지 않았다.

곧 노란 은행잎이 보도에 깔리고 단풍이 붉어지면서 도시는 가을로 익어 갈 것이다. 세상이 분분한 낙엽으로 채색되던 가을의 잔상이 채 지워지기도 전에 점령군처럼 겨울이 올 것이다. 내 병도 점차 깊어지겠지.

허리가 점차 굽어지면서, 나를 보는 사람들은 위태롭다고 말한다. 며칠 전에는 한의원에 입원을 했다. 그때 간호사가 하는 말이 충격적이었다. 옆에 서서 이것저것을 챙기는 남편더러 "서영희 씨 아드님이 어쩌고…."라는 게 아닌가. 기가 막혔다.

하긴 체구가 자그만 하고 군살도 없는데다가 야구모자에

마스크까지 쓴 남편이 나이보다 젊어 보이긴 했다. 아무리 그래도 아들이라니. '이게 다 병 탓이야.'하며 덤터기를 씌워보지만 병은 들은 척도 않았다. '육실할 놈의 돈, 원수 같은 돈', 돈은 욕을 하면 할수록 멀어진다 하더니 병의 퇴치법과는 다른가 보았다.

"얼마나 세근이 없어 보이면 당신더러 내 아들이라고 하겠소."

남편을 향해 애먼 타박을 늘어놓아도 기분은 꿀꿀하다. 시간의 강물에 나를 띄우고 무심하게 흐르고자 하던 마음에 제동이 걸리지만, 이 모든 것이 아직은 살아있음의 방증이라 위안을 삼을 수밖에.

사는 일, 시시하다

사는 일이 참 시시하고 재미없다. 먹고 자고 배설하고, 되돌이표가 찍힌 악장처럼 똑같은 일이 반복되는 생활이다. 새벽에 일어나면 해도 그만 안 해도 그만인 바느질을 하든지, 컴퓨터에 앉아 이곳저곳 모니터 속을 배회한다. 그것도 힘들면 스포츠 프로그램을 본다.

밖에 나가고 싶은 충동을 느끼지만 그렇게 하려면 약을 먹어야 한다. 일찍 약을 먹으면 한 번 더 먹어야 하므로 나가는 걸 포기하고 다소 멍청한 상태로 버티다가 느릿느릿 아침 준비를 한다. 6시경 약을 먹고 9시까지 움직이고, 다시 약을 먹고 약효가 나타날 때까지 기다리고….

그러다가 11시 내지 12시쯤 되면 전깃불이 반짝하고 켜지듯이 기운이 돌면서 몸이 가벼워진다. 컨디션도 정상으로 돌아온다. 서서히 머릿속이 선명해지고 온몸에 힘이 생기며 표정에도 탄력이 붙는다. 말로는 쉬운 듯 보이지만 그 과정이 얼마나 힘든지 같이 사는 가족들도 모른다. 머릿속이라는 게 눈에 보이는 것이 아니니 고통은 오로지 나만의 몫인 셈이다. 자꾸 침이 흐를 것 같고, 몸은 경직되고, 목소리는 힘이 없고 떨린다. 다리도 후들후들, 허리까지 몹시 아프다. 얼마나 힘이 떨어지는가 하면, 휴대폰의 숫자판이 눌러지지 않을 정도다. 그러니 자판을 치면 오타가 반이요, 문장부호까지 챙기기는 언감생심이다.

온ON 타임이 약 3시간 또는 4시간 정도 지속되다가 다시 기운이 떨어지면 약을 먹어야 한다. 잠시 몽롱하지만 이번에는 컨디션이 금방 돌아온다. 이미 먹어둔 약이 몸속에 남아있는 상태에서 다시 약이 들어간 까닭이다. 그때 미뤄놓았던 일들을 재빨리 해치워야 한다.

저녁에는 약을 안 먹고 되도록 일찍 잔다. 사람을 만날 때는 약을 한 차례 더 먹어야 한다. 그럼 약만 많이 먹으면 되겠네, 하겠지만 그것도 해결책은 아니다. 물론 안 먹으면 더 괴롭지만, 약을 많이 먹어도 몹시 괴롭다. 내가 원하지 않는 행동을 하게 된다. 어깨가 움찔거리고 뒤꿈치가 자꾸 들린다. 손이 흔들리고 고개가 끄덕거리는 등등, 어떤 사람들은 그걸 못 견뎌서 약을 적게 먹고 미라가 되기도 한다.

이래도 힘들고 저래도 힘들지만 죽지는 않는다. 암이 죽음의 공포와 싸우는 일이라면 나는 죽지도 않는 공포와 싸워야 한다. 어떤 게 더 힘들고 두려운지는 모르지만 남의 염병이 내 고뿔보다 못한 법이니….

병이 든다는 건 참 귀찮은 일이다. 약을 챙겨 먹어야 하는 것으로 시작해 몸 돋우기, 운동하기, 시간 안배하기, 마음 다스리기, 좋아하는 것 포기하기, 남의 시선에 당당하기, 자기 자신을 위로하기, 남 또는 가족에게 우는 소리 안 하기, 가족이 짜증내도 참기, 울지 않기, 호기심을 가지는 사람들에게 아무렇지 않은 척하기, 또는 설명하기….

아주 많은 그것들 중에 내가 제일 힘들고 하기 싫은 것은 약이든 식품이든 먹는 일이다. 일단은 너무 귀찮다. 사람들은 해주지도 않으면서 맛있는 것 챙겨 먹어라, 뭐든지 많이 먹으라고 한다. 그럴 땐 반발심이 좀 생기지만 '응응'하고 참을 때가 70%, 짜증 낼 때가 30%다. 나름대로 잘하려고 노력은 하지만, 때때로 살기 싫어지고 울고 싶기도 하다. 하지만 '아프지 않을 때도 그랬던 걸.' 하고는 아무렇지 않게 생각하기로 한다.

나이 들면 아픈데 생기는 건 당연한 일이다. 그러나 끊임없이 자신을 다독여야 한다는 것, 그것이 참으로 성가시고 귀찮다. 그마저 이력이 붙었는지, 자포자기인지, 이런 내 삶에 별로 안타까워하지도 않고 죽음에 대한 두려움도 없는데 참 재미없는 느낌이랄까.

저물어가는 나이에 맞는 쓸쓸함에는 어떤 것이 있을까.

그것이 무엇이든, 나는 두려워하지 않고 받아들일 것이다.

이제와 새삼 두려울 게 무어 그리 있을 것인가.

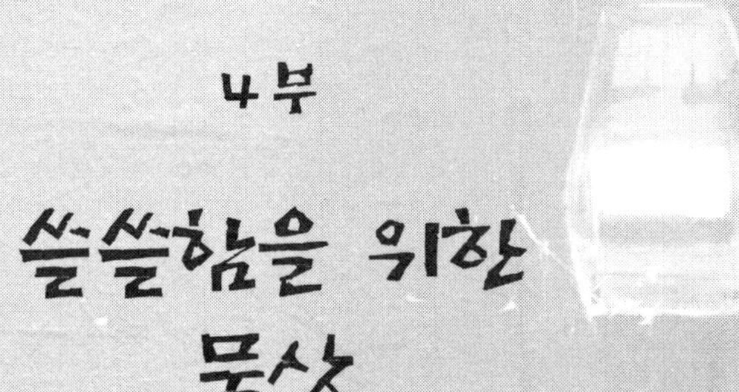

4부

쓸쓸함을 위한 묵상

눈 내리는 날

괜히 설레지
소리 없이 눈이 내리면

성애 낀 유리창에 사랑이라 썼다가 이내 지운다
사랑이란 단어도 부끄럽고 설렘이란 감정도 민망하다
경상도에 무슨 눈이 이래 많이 오노
마음에도 없는 말 한 가닥 뱉어 놓고 집을 나선다
눈 내리는 길 위에서
하늘 한 번 올려다보고 폴짝 뛰어도 보면
내 마음 눈처럼 순수해져

보내야 할 것들을 끄집어내 본다
꿈, 사랑, 열망, 설렘, 욕심 같은 말
이런 것들을 보내고 나면 내게 무엇이 남을까
기다림, 외로움, 고통 따위만 남겠지

내 안에서 요동치던 사랑이 불쑥 고개 내밀면
대책 없는 설렘 하늘을 향해 쏘아 올린다
내 설렘은 허공을 떠돌다가
누군가의 가슴에 눈이 되어 내리겠지

어느 누군가도 설레겠지
소리 없이 말갛게 눈이 내리면

가을, 끝자락

"감 한 박스 가져가."

좋은 감 다 팔고 파치 남은 감
기름값으로 사 먹는 게 나은 데 하다가
저무는 들길이나 보자고 나선 길
차만 타면 웬 잠이 그리 오는지
그저 내내 졸다가
"어어, 이 길이 맞는지 모르겠네."
길치 남편 한마디에
눈 번쩍 뜨고 내다본 풍경
가을이 내 눈 앞을 지나고 있네

산기슭 불붙는 단풍도 보지 않았고
노란 은행잎 하나 주워들지 않았는데
저녁 어스름 같은 쓸쓸한 계절이

다크 서클로 내려 앉는구나
시퍼렇게 날 서던 계절 보내고 나니
사무치게 그리운 사람도 없고
못 견딜 미움도 없어
여백으로 남는 마음
계절 끝자락에 걸려 있는 홍시빛 노을이 좋아
놓았던 그림 한 번 그려보고 싶고
잊어가던 옛 친구 생각도 해보네

친구 순금이

오늘 남편이랑 점심을 먹으러 친구가 운영하는 식당에 갔습니다. 김해에 위치하고 있어 집에서는 멀지만 바람도 쐴 겸 가끔씩 찾곤 한답니다. 오늘은 중간에서 친구 하나를 태우고 나섰습니다.

저는 친구가 많습니다. 그 중에서도 특별히 좋아하는 친구가 몇 명 있지요. 왜 좋은지 이유를 대라고 하면 딱히 내세울 거리는 없지만, 사람 좋아하는데 꼭 이유가 있어야 되는 건 아니니까요. 그냥, 이유 없이 좋아야 친구가 되는 거지요.

이유 없이 좋은 건 사랑이라고요? 사람을 사랑하고 좋아한다면 결점까지 사랑해야 한다고들 하지만 어디 그게 쉬운 일이던가요. 현대인들에겐 거의 불가능한 일이라 생각합니다. 상대방의 결점까지 사랑하게 되는 그런 사랑에 빠질 수 있다면 그만큼 좋은 일이 어디 있겠습니까만, 그건 콩깍지가 씌어야 되는 일이고요. 계산이 밝은 요즘 사람에게는 패가망신의 지름길이 되기도 한다지요.

저는 저를 잘 압니다. 인물이야 어디 내놓아도 크게 손색이 없지만 도무지 여성스럽지를 못합니다. 애교라곤 눈을 씻고 보아도 없을 만치 무뚝뚝하고, 말도 너무 직설적으로 뱉어내는 통에 오해를 많이 사는데다 실없는 농담을 잘 해서 친구들이 좋아하지 않는 것 같아요. 생긴 것은 천생 여자인데 지나치게 오지랖이 넓다나요.

저는 사실 어떤 사람도 이유 없이 적대시하지 않는 유연한 사람이란 걸 밝혀둡니다. 성깔은 좀 있었는데, 그것도 나이 들고 병 드니까 슬며시 사라지더군요. 지금은 개성도 없고 고집도 없이 늙어가는 노인에 불과합니다. 그런데 제가 지금부터 이야기하고자 하는 친구 순금이는 좀 다릅니다. 원칙을 세워놓고 그걸 지키려 애를 쓰고, 고집도 있고, 자기만의 단호한 철학도 있는 친구지요.

순금이는 초등학교 다닐 때부터 알고 지낸 친구인데 우리 집보다 더 뒤쪽에 있어 뒤뜰배기라고 부르는 대방이라는 마을에 살았지요, 학교에 갈 때 우리 집 앞을 지나가는 경우가 많아 같이 다니곤 했는데 참 갸름하고 예뻤답니다.

그 친구를 대략 삼십 년 만에 만나게 되었습니다. 중학교를 졸업한지 꽤 오래된 무렵, 친구들 몇 명이 모여 동창회를 한다고 야단법석을 떨었지요. 결혼하고 아이 키우고 살림만 하며 살다가 만난 친구들은 다들 신이 났습니다. 시골 친구들은 형제보다 더 가깝게 느껴질 정도로 친하게 지내는 속성이 있지요. 남녀공학 학교라 남자 친구들도 제법을 얼굴을 보이더라고요. 여자들끼리만 노는 것보다 훨씬 재미있어서 저는 열심히 동창회에 참석했습니다.

그런데 그 예쁘던 순금이가 글쎄 뚱보아줌마가 되어서 나타났습니다. 다들 못 알아 볼 뻔 했답니다. "친구야, 와 이리 되었노?" 하며 친구들은 경악했습니다. 그 옛날 호리낭창하던 순금이는 어디 가고 웬 뚱뚱한 여인이 순금이라는 이름을 달고 있었으니까요. 몸매야 어찌되었던 우린 반가웠습니다.

매달 순금이네 집에 모여 동창회를 했습니다. 정말 즐거웠던 한 시절, 순금이의 식당은 우리들의 아지트가 되었습니다.

그 집 음식은 언제나 맛있었고, 우린 순금이가 그 음식을 다 만드는 줄 알았습니다. 그러나 알고 보니 순금이는 아무것도 하지 못했습니다. 세상에, 김치도 하나 담그지 못하는 게 아닙니까. 일이라곤 아무것도 할 줄 모르는 친구는 우리처럼 시골에서 자란 사람들에겐 거의 있을 수 없는 일이었답니다. 식당을 한다기에 우린 솜씨가 꽤 있는 줄 알았는데 하나에서 열까지 순전히 남의 손을 빌려서 한다는 겁니다. 우리는 걱정을 했지요. 머잖아 말아먹고 말지도 모른다고.

우려는 현실이 되었답니다. 순금이의 대책 없이 큰 손은 퍼주기 바빴고, 돈을 어떻게 써야 되는 줄을 몰랐습니다. 한 예로 한 번은 이런 일이 있었습니다. 순금이에겐 딸이 둘 있습니다. 그 애들이 중학교에 다닐 때였지 싶습니다. 그때 남편과 무슨 일이 있었는지 알 수 없지만 알아봐야 삼류 소설 같은 신파라 생략하기로 하고, 순금이는 여차저차 저차여차해서 늦게 아들 하나를 봐서 금이야 옥이야 키우고 있었지요.

그날은 귀한 아들의 돌이었습니다. 친구들을 늦둥이 돌잔치에 초대했습니다. 순금이 집에서 밥을 먹기로 하고 친구들과 구서동 어딘가에서 만났습니다. 철쭉꽃이 가득 피어 있었던 걸로 봐서는 봄이었던 것 같습니다. 3반 친구들은 초등학교 담임선생님을 만난다고 가버리더군요. 할 수 없이 나만 남아 돌상을 받게 되었습니다. 괜히 서먹하고 미안해서 집에 올까 싶었지만, 친구들이 금세 돌아올 테니 기다리라 하고 간 터라 일어설 수도 없었지요.

이윽고 상이 들어왔습니다. 반찬이라곤 미역국 한 사발에 김치, 계란 프라이, 떡 한 접시가 고작이었습니다. 그 흔한 나물 한 접시도, 생선 한 마리도 없는 상을 받고 저는 기함을 할 뻔 했다는 것 아닙니까. 더 놀란 건 김치가 너무 짜다는 것이었습니다. 나중에 들으니 배추 열 포기를 밤새 절이고 떡은 한 말을 했다는 겁니다. 그렇게 손이 크고 요량이 없는 사람을 처음 보았습니다. 봄배추를 밤새 절였으니 당연히 짜고, 떡은 두세 되만 해도 충분할 것인데. 모르면 물어나 보든지, 대책 없이 고집 세고 예산 없는 여자를 어찌 말리겠습니까. 그리고 돌상에 계란 프라이라니, 이건 돌상 수칙에 맞지 않는 메뉴가 아닐는지요.

그런 친구가 식당을 했으니 어떻게 잘 되겠습니까. 퍼주기 바빴으니 살림이 거덜났지요. 우린 당연한 결과라고 입을 모았습니다만 정작 본인은 이유를 잘 모르는 것 같아서 답답했지요. 몇 번이나 말아먹기를 반복하더니 실패를 경험 삼았는지 지금은 완전 고수가 되었답니다. 한 우물을 판 고집 덕분이겠지요.

돈을 버는 지 못 버는 지. 그건 모르지만 이젠 김치도 잘 담그고 요리도 곧잘 합니다. 못하는 요리가 없을 정도로 환골탈태를 했다는 게 맞겠네요. 요즘도 새 반찬이 나오면 옛날 얘기를 하며 웃곤 합니다. 절에 사는 개도 삼 년이면 염불을 하고, 한 일一 자 십 년 쓰면 붓 끝에 강물이 흐른다더니, 이제 달인의 경지에 오른 친구를 보면 그 길었던 삶의 여정에 박수를 보내고 싶네요.

지난번 갔을 때는 다리가 아파 한쪽으로 비스듬히 서서 일을 하는 걸 보면서 왜 그리 마음이 짠하던지요. 몸뚱이가 재산이라 몸을 부려야만 살 수 있는데 무릎이 아파서 기우뚱한 자세로 일 하는 모습을 보고 오면서 마음이 아프더군요. 세근이 없는 건지 너무 순진한 건지, 금쪽같은 아들에게 애인이 생겼다고 화를 내고 있더라고요. 나는 애인도 못 만드는 우리 아들이 걱정인데 장가보낼 걱정은 않고 장가갈까봐 걱정을 하는 친구. 내 허파 뒤집는 소리를 아무렇지 않게 쏟아내는 순금이는 정말 내심에 솔직한 친구입니다.

이 친구 앞에서면 제가 부끄러워집니다. 노동이라곤 그저 글 같지 않는 글이나 끼적거리며 병치레나 하는 저 같은 친구가 얼마나 한심스럽게 보일까 싶어서요. 나를 좋아하든 안 하든 그는 변함없이 자기감정에 충실할 것입니다. 좋은 영화가 있으면 만사 제쳐 놓고 보러 가고, 배우고 싶은 게 있으면 배우러 가고, 할 거 다 하며 삽니다. 장사하는 친구가 하고 싶은 것 다 한다고 나무라면 친구가 하는 말이 또한 걸작입니다. "내가 지금 아무리 열심히 살아도 너보다 잘 살지 못 할 것인데, 그럴 바에는 좋은 영화도 보고, 하고 싶은 것 하고 살란다."라더라고요. 정직하고 순박한 친구가 차려주는 밥이 오늘따라 더 맛이 있네요.

친구 순금이에게 말하고 싶습니다.

'친구야, 기운내! 난 네가 자랑스러워. 파이팅이다.'

옷의 노예

새벽 두 시에 눈을 떠 어제 사 온 옷을 입어본다. 가슴 부분에는 태양을 상징하는 문양에 반짝이는 보석이 달려 있고, 치마 끝자락은 하늘하늘한 레이스로 장식된 화려한 원피스다. 예쁘다. 평생 입어보지 않았던 디자인이다.

이걸 입고 어디를 갈까. 갈 곳도 없고 나갈 자신도 없다. 어쩌자고 이런 옷을 샀을까. 생각 없이 지갑을 연 내가 당황스러워지는 순간이다. 아마도 그간 잠잠하던 지름신이 강림하신 모양이다.

며칠 동안 문밖을 안 나갔더니 갑갑하기도 하려니와 반찬이라곤 없다. 찬거리도 살 겸 오랜만에 시장 구경에 나섰다. 약을 먹은 직후라 몸이 다소 흔들리긴 했지만 약효만 퍼지면 곧 안정될 것이었다. 돌아올 때는 발걸음이 채 가벼워지리라 예상을 했는데, 웬걸, 무겁도록 사지도 않았는데 도무지 걸음이 걸어지지 않는 것이었다. 강력 본드를 칠해놓은 듯 발이 땅에 들러붙어 꼼짝하기가 힘들었다. 게다가 보폭마저 짧아져 종종걸음이 되다보니 자꾸 넘어지려했다. 마음은 앞서는데 몸이 따라오지 않으니 걸음마 배우는 아기도 이것보다 낫겠다 싶었다.

아무래도 약이 돌 때까지 기다려야 할 것 같아 주변을 둘러보았다. 상가 초입에 두어 번 가 본 보세 옷가게가 눈에 들어왔다. 문을 열고 들어가니 마침 카운트 옆에 낡은 소파가 있었다. 염치불구, 털썩 엉덩이를 내려놓고 한숨을 돌렸다.

"어디 아프세요, 힘이 하나 없어 보이네." 다행히 나를 기억하는 주인장은 표정 없이 굳어버린 내 얼굴을 보며 친절하게 물어온다. "예, 좀 쉬었다 가도 되죠?" 그 와중에 눈앞의 마네킹이 입고 있는 검은 원피스가 참 예뻐 보였다. 이런 상황에서 옷이 눈에 들어오다니, 나도 참 못 말리는 여자라는 생각에 피식 웃음이 났다. "저 옷 참 예쁘네요!" 흘리듯 뱉어낸 말

한마디에 주인은 기다렸다는 듯 "네, 언니 입으면 딱 맞을 텐데. 한 번 입어보세요." 하며 순식간에 옷을 벗겨오는 게 아닌가. 그런데 나는 입어볼 기력조차 없었으니. 주인장도 내 상태를 짐작했는지, 그냥 가져가서 입어보고 안 맞으며 가져오라며 손에 쥐어주었다. 엉겁결에 받아들고 와서는 남편보기 미안해서 감추어 두었던 참이다.

거울 속에서 머리가 희끗희끗한 반백의 여인이 나를 바라다본다. 푸석한 얼굴로 멋쩍은 미소를 짓고 있다. 가짜라 더 반짝이는 보석을 단 그 모습이 예쁘긴 고사하고 기괴하다. 또 쓸데없는 짓을 했구나 싶다.

며칠 전 옷을 챙겨 넣으면서 몹시 힘이 들었다. 꼭 필요한 것 외는 옷을 더 늘리지 않겠노라고 굳게 마음을 먹었건만 또 작심삼일이다. 갈수록 몸이 나빠지니 외출도 줄었고, 입은 옷을 챙겨 넣는 일도 수월치 않다. 한 가지씩 버리고 정리하며 심플하게 살자 하고선 이 야밤에 무슨 시추에이션인가.

그동안은 옷에 투자하는 시간이 참으로 많았다. 나에게 옷은 무엇이었을까. 옷이 생활에서 차지하는 비중은 어느 정도였을까. 솔직히 말하면, 정말 밥 먹는 것만큼이나 많은 비중을 차지해왔다. 이유는 언제나 만들면 있다. 입은 거지는 얻어먹고 벗은 거지는 굶는다고, 아플수록 입성이 좋아야 남들이 무시하지 않는다, 반값 세일이다, 컬러가 정말 마음에 든다, 아래 위를 맞춰 입어야지. 지인이 옷 가게를 차려서…. 내가 옷을 선택 하는 것이 아니라 옷이 나를 선택해 온 것 같다. 옷의 노예가 된 셈이다.

외출할 일이 있으면 이 옷 입었다, 저 옷 입었다 하면서 몇 번씩이나 번잡을 떤다. 그러다 보면 약속 시간이 다가오고, 막상 나갈 때는 마음이 바빠 평범하게 또는 약간 유행에 뒤처진 차림으로 나가게 된다. 그리고 다시 챙겨 넣느라고 시간을 허비한다. 이렇게 쓸데없는 일에 시간과 에너지를 소모하는 스스로에게 짜증이 나고, 그런 내가 싫을 때도 많다. 누가 나를 눈여겨 볼 거라고. 옷에서 자유롭지 못한 나를 향해 자책만 늘어놓게 된다. 자신의 선택에 만족하는 사람, 대충 입고서도 당당한 사람을 보면 정말 부럽다. 닮고 싶지만, 그게 잘 안 된다.

한 번은 친구들과의 모임에서 이런 얘기를 했더니 자기 엄마는 80이 되어 가는데도 옷을 자꾸 사들인단다. 자기도 백화점 쪽으로는 아예 눈길을 안 돌리고 외출을 자제했더니 이

제 홈쇼핑으로 사고 인터넷으로 사게 되더라고 하면서 여자는 늙으나 젊으나 똑 같은 모양이라며 웃었다. 그 말에 다소 위안을 받기도 했지만, 이 황금 같은 시간에 책을 읽든지, 잠이나 더 잘 노릇이지, 이게 무슨 짓인가 싶다.

과감히 노예생활을 청산해야겠다. 옷장 문을 활짝 열어 재낀다. 옷들은 가지런히 일렬종대로 사열식이라도 하듯 걸려 있다. 바람 한 점 지나가지 못할 만큼 빽빽하다. 보기만 해도 숨이 막힐 정도다. 일 년 내내 수문장처럼 버티고 선 옷도 꽤 있다. 더러 남에게 나눠주기도 하지만 그래도 많다. 나를 지배하던 옷들이다.

살아가는데 그다지 많은 옷들이 필요치는 않다. 도시라는 환경에 적응하느라 옷의 노예가 되었을 뿐이다. 저항도 한 번 못해보고 복종의 달콤함에 빠져버렸다 할까. 스스로 노예의 길로 저벅저벅 걸어 들어갔던 것이다.

단호하게, 자주 입지 않는 옷들을 골라낸다. 혹 입을 일이 있을까 하고 버리지도 못하고 걸어두었던, 내 우유부단의 증거들이다. 아깝기는 하지만, 정리를 할 참이다.

새 원피스도 벗어서 고이 접어놓는다. 날이 밝으면 되돌려줄 생각이다. 어찌 옷을 주인으로 모실 수 있단 말인가. 이제

옷에 연연하지 않으리라. 내가 어떤 옷을 입든 나는 나 일 뿐, 만인 앞에서 당당하리라. 결심하고 또 결심을 한다.

읍성 산책

부슬부슬 비가 내린다. 아주 천천히 부드럽게 내리는 비다. 아니, 비라기보다는 차라리 살갗을 간질이는 봄바람 같다. 악곡에 비유하자면 아다지오의 음률이다.

들고 있는 우산을 펼칠까 하다가 그냥 맞기로 한다. 때론 비를 맞고 싶어질 때가 있다. 언제 이런 비를 맞아보겠는가, 만났을 때 맞는 거지. 나는 목하 비 내리는 고분을 산책 중이다.

평소에도 나는 이 코스 걷기를 무척이나 좋아한다. 푸르디 푸른 잔디 때문이다. 언제나 손질이 잘 되어 있어 눈이 시원해진다. 사람이 적어 한가롭고 주차도 용이하다. 오늘은 비가 바람처럼 내리니 더욱 운치가 있다.

몇 년 전 이곳이 마음에 들어 이사를 했다. 집을 샀던 그해는 정말 더웠다. 이사를 오기 전 잠시 살았던 집은 원룸을 개조해서 만든 옥탑방이었다. 햇빛을 천장에서 바로 받는 슬래브 집은 불에 달군 용광로 같이 뜨거웠다. 방공기가 절절 끓었다. 나는 더위를 타지 않는 편이었지만 그 여름은 달랐다. 바로 전 해에 머리 수술을 한 탓인지 도무지 견딜 수가 없어서 안 가던 여름휴가까지 다녀왔다. 그것도 모자라 한동안은 피서를 위해 고종 언니네 집에 머무르기도 했다.

집을 사놓고 사전 답사를 갔었던 때가 새삼 떠오른다. 동래읍성 바로 밑에 자리하고 있어 조용해 보였고 위치도 좋았다. 아파트 문을 나서면 바로 동래 우체국이 있는 구도로였고, 십 분 거리에 동래시장과 지하철이 있었다. 앞문으로 나가면 백화점이 있는 화려한 도심이고 뒷문으로 나가면 동래읍성이 자리하고 있는 한적한 곳이었다.

옛 도로변에는 몇 군데의 필방筆房이 있어 반가웠다. 그러고 보니 처녀 적에 많이 다니던 길이었다. 청춘들의 문화와 옛 문화가 공존하고, 멀찍이 금정산성이 바라보이는 전망 좋은 집이었다. 그 뿐만이 아니었다. 집 근처에 문화회관도 있었다. 문화회관 뒤가 내가 자주 산책하러 가는 읍성이 있는 산이다.

도심에 읍성이 있으리라곤 생각조차 못했다. 살다보니 동래구는 참 많은 전통과 역사의 흔적이 남아 있는 곳이었다. 몇 년 전 글모임의 식구들 몇 명이 수안역에 모여 동래역사 탐방을 한 적이 있지만, 불행하게도 나는 그때 복천동 고분 앞에서 갑자기 아픈 바람에 홀로 돌아올 수밖에 없었다. 그 때의 아쉬움을 보상 받고자 자주 이 길을 찾게 되는지도 모른다.

성벽을 따라 산을 오른다. 조금 가파른 길을 10분쯤 오르니 문화회관이 보인다. 거기서 다시 10분쯤 오르니 깔끔하게 단장이 되어있는 성벽이 나온다. 이전에는 어떤 모습인지 알 수 없는 나로서는 너무나 깔끔한 모습의 성벽이 조금은 부담스럽다. 읍성이 간직한 역사를 생각하면, 일송정 푸른 솔이 늙어가듯 조금은 허물어지고 이끼 낀 퇴락한 모습이 훨씬 더 제격일 것 같다.

사진을 한 컷 찍고 다시 몇 걸음 오르자 삼림욕장이 있다. 죽죽 뻗은 삼나무가 만들어내는 좁은 길은 엽서 속의 그림 같다. 중간 중간 나무벤치가 있어 쉬기도 하면서 읍성 안으로 들어간다.

시원한 바람이 인도하는 북문 앞에는 삼지창을 든 조형물이 파수를 서고 있다. 성의 안전을 위해 불철주야 눈을 부릅떠야 했던 병사를 상징하는 모양이다. 예나 지금이나 우리의 평안은 보이지 않게 수고하는 이들 덕분이라는 말이기도 하다.

멀리, 지난번 내 발목을 잡았던 복천동 고분과 박물관이 보인다. 푸르른 고분의 잔디에 눈이 시원하다. 조금 전 내린 부슬비로 인하여 잔디는 더 푸르게 보이고 공기는 청량하다. 장영실 동산이라고 써놓은 잔디밭에는 해시계며 측우기 등을 전시해 놓았다.

부산에 오랫동안 살았지만 처음으로 부산의 역사에 눈을 돌려보는 셈이다. 무식하면 편하다고 하더니 아무것도 모르고 살았다. 그저 송상현 동상을 보며 임진왜란을 떠올리는 정도였다. 조금만 눈을 돌리면 구석구석 이토록 많은 문화유산이 산재해 있는 것을. 나이 들면 애국자가 된다더니 이제야 서서히 우리 문화유산에 대해 눈을 뜨고 관심도 가지게 된다. 굳이 맹모삼천지교가 아니라도 어디에 머무르는가가 사람을 많이 변화시키기는 하는가 보다.

젊어 한때는 먹고 사는 일에 바빠서 허둥거렸고, 노년에 들어서니 병 다스리기 바쁘다. 시간이란 것은 가면 오지 않는다는 걸 모르지는 않았지만 내가 엉덩이를 걸치고 앉은 터전에 대해 좀 더 공부를 해둘 걸 싶어진다. 이제와 후회를 한들 무얼 어쩌겠는가마는. 가까운 뒷산조차 자주 찾지 못하는 형편이지만, 그래도 나는 해질녘 고분에 간다. 자연이 베풀어 놓은 풍경과, 옛 사람들의 흔적들 속에서, 걷는다는 산 자의 특권을 최대한 누려볼 생각이다.

돌아오는 길, 키 큰 느티나무 아래의 벤치에 앉아본다. 국제신문사 사옥이 보이고 연제구 동래구 금정구가 한눈에 들어온다. 전에는 이곳에서 부산의 산들이 다 보였는데 이제는 높아가는 아파트에 가려서 산이 많이 사라졌다. 오늘도 포클레인이 산동네 하나를 깔아뭉개버렸다. 재개발이란 명목을 달고. 산비탈에 다닥다닥 엎드려 숨죽이며 있던 집들이 한순간에 사라지고 황토 흙만 붉다. 이러다 주택이란 주택은 다 사라지고, 주택이란 단어조차 사라지는 건 아닌지 모르겠다. 좀 있으면 장마가 질 텐데, 걱정을 해보지만 대세를 거스를 힘이 내게는 없으니.

어느덧 비가 그치고, 서쪽하늘에 노을이 짙다. 하늘이 점점 높아간다. 곧 가을이 오려나보다. 시원한 바람 한 줄기가 내 가슴에 오래 머문다.

적과의 동침

지인 부부와 저녁을 먹는 중이었다. 불쑥, "내일, 여행이나 갈까?" 하기에 '이 장마철에?' 싶었지만 다음날 아침 10시에 출발하기로 약속을 잡았다. 비가 많이 오면 되돌아오기로 하고.

나라가 온통 물바다가 되어 내심 불안했다. 그러나 긴장감이 우릴 조금 더 즐겁게 만들어 줄 지도 모른다는 기대감으로 집을 나섰다. 평소 늑장을 부리는 사람이라 약속 시각보다 조금 늦게 그 집에 도착하니 대문은 굳게 잠겨있고 초인종도 작동되지 않았다. 문을 쾅쾅 두드리니 자다가 일어난 듯 부스스한 모습으로 나타나는 게 아닌가. 그때 알았어야 했다, 여행의 주제가 기다림이 될 거라는 걸.

약속을 해놓고 왜 여태 준비를 안 하고 있느냐고 물으니 전화가 오지 않아 안 가는 줄 알았다나. 먼저 말을 꺼내고 철석같은 약속을 이끌어낸 당사자의 태도가 참으로 황당했지만, 그럴 수 있다고 이해해 주기로 했다. 지금이라도 대충 챙겨 떠나자고 하고 차로 돌아갔다. 집에서 기다리면 준비하는 사람 마음이 바쁠 것 같아서….

차 안에서의 한 시간은 정말 지루했다. 그런데 도무지 나올 생각을 않는 것이었다. 다시 30분을 기다렸다. 그래도 감감무소식이다. 할 수 없이 집으로 들어가 보니 부엌을 엉망으로 어질러 놓고 반찬을 한다고 난리다. 웬 반찬이냐고 했더니, 아들 먹을 반찬이란다. 이미 성인인 아들인데 무슨 걱정이냐며 대충 거들어서 마무리를 해놓고 서둘러 집을 나섰다.

어렵사리 출발을 하고 5분 정도 달렸을까. 눈앞에 대형 할인점이 보인다. 보자마자 매구 오라비 만난 듯 반가워하며 잠깐 들리자고 한다. 커피, 라면 등을 조금 사서 가자면서. 괜찮겠다 싶어 그러기로 하고 내렸다.

한데, 이 사모님 좀 보소! 이리 뛰고 저리 뛰며 마구 물건들을 골라 담지 않는가. 웬 거냐고 물으니, 자기 집에 쓸 물건이라는 것이다. 그걸 왜 지금 사느냐, 돌아올 때 사면 되지 않겠느냐고 하니까, 대답이 가관이었다. 돌아오는 길에 마트에 들르지 않으면 어떡하냐는 거다. 기가 막힌다. 집에 차가 없나, 집에서 멀기를 하나. 그만 가자고 해도 좀 있어 보라며 물건을 주워 담느라 정신이 없다.

시간은 지체되고, 차에서 기다리다 지친 그의 남편이 쫓아온다. 자기 남편이 먼저 화를 내는 통에 나는 말도 못 하고. 그래! 참자. 원래 잘 난 놈이 참는 거다. 부글부글 끓어오르는 속을 다독이며 비좁은 트렁크에 짐을 가득 싣고 다시 출발을 했다.

정자 바닷가에서 대하를 구워 맛있게 점심을 먹었다. 팔각정으로 지어놓은 전망대에서 비 오는 바다를 보며 커피도 끓여 마시며 분위기를 냈다. 덕분인지, 기분도 대충 좋아졌다. 그냥 재미있게 지내다 와야겠다며 마음을 고쳐먹었다.

그런데 옆에 앉아 쉴 새 없이 운전하는 사람한테 잔소리를 해댄다. 속도가 빠르니 늦니. 조금 경치 좋은 곳이 나타나면 "엄마야, 좋다. 우리 저기 가보자."라며 어린애같이 보채다가도 조용해서 보면 쿨쿨 자고 있다. 항시 잠이 부족한 나로서는 너무나 부러워 "어머, 잠도 금방 드네." 했더니 그의 남편 하는 말, "지 맘대로 씨부리다가 잠 오면 잔다 아인교." 한다.

어찌 보면 순수해 보이고 꾸밈없는 모습이 귀엽다. 단순해서 부럽기도 하고. 어쨌든 그렇게 도착한 곳이 백암온천이었다.

호텔에서 운영하는 온천이 9시까지 영업을 한단다. 대충 샤워를 하고 밖에서 저녁을 먹기로 하고 같이 목욕탕으로 내려갔다. 평소 사람을 기다리게 하는 성격을 아는 터라 등도 밀어주고 재촉을 하여 헹구는 걸 보고 먼저 나왔다. 나는 약 먹을 시간도 되고 해서 마음이 바빴다. "빨리 오세요. 밥 먹으러 가야 합니다." 거듭 재촉을 해놓고.

그런데 8시가 되고, 또 30분이 흘렀는데 올 생각을 않는다. 비는 점점 거세지고, 기다리는 남자 둘은 "때를 미나? 가죽을 벗기나?" 하며 배고프다고 난리다. 할 수 없이 마트에서 산 쌀을 꺼냈다. 나도 화가 나서 "가나 오나 밥순이네." 불편한 속내를 드러내 가며, 밥을 짓고 된장찌개를 끓인다. '마트에서 뭘 자꾸 사더니 선견지명이 있었구먼.' 하고 웃고 만다.

그녀는 정확하게 9시에 그곳에서 쫓겨 나왔다고 한다. 대충 저녁을 챙겨 먹고 일찍 잠자리에 들었더니 덥다고 밤새 에

어컨을 틀어놓지를 않나, 가방을 정리한다며 부스럭부스럭 잠을 방해하질 않나…. 그러더니 정작 본인은 머리가 베개에 닿자마자 코까지 골며 곯아떨어진다. 옆에 있는 사람이 잠을 자는지 못 자는지는 안중에도 없다. 내게 그 밤은 적과의 동침일 수밖에 없었다.

다음날 아침, 일찍 잠이 깨어서 살며시 온천물에 몸을 담그고 왔다. 그때까지 자고 있던 사람들을 깨워 간단하게 아침을 먹고 나니, 불쑥 샤워를 하고 오겠다고 한다. 어제의 악몽이 되살아났지만, 어제 그렇게 씻었는데 설마 또 그러랴 싶어 그러라고 했다.

설마가 사람 잡는다더니, 씻으러 간 사람이 도무지 올 줄 모른다. 기다리다 지쳐 구시렁대니, 그의 남편도 미안한지, "어제는 가죽 씻고 오늘은 내장 씻는다 아입니까."라 말한다. 그 말이 우습기도 하거니와 평생 그렇게 산 남편이 딱하기도 하다. 그러나 부부지간의 일은 남이 모르는 법이니.

출발 준비를 마쳤는데도 그는 기척이 없다. 그러고 보니, 어제부터 오늘까지 기다림의 연속이다. 정말 짜증이 나서 속이 울렁거리고, 목이 뻣뻣해진다. 부아가 치밀어 당최 참을 수가 없다.

목욕탕으로 갔다. 다행히 그가 막 탕에서 나온다. 좋지 않은 어조로 "기다리는 사람 생각도 좀 해야죠. 내가 기다리는 대기조도 아니고." 하고선 올라왔더니 뒤따라와서는 "미안해요."라며 코를 길게 빠뜨린다. 그걸 보니 좀 안됐기도 하고, 나 때문에 괜히 분위기가 어색해질까봐 애써 아무렇지 않은 척, "자! 짐은 챙겼으니 이제 떠납시다." 하고 차에 오른다. 그런데 속도 없는 이 양반, 언제 그랬냐는 듯 재잘재잘 또 떠들어댄다.

근처에 있는 어촌 박물관에 잠시 들리기로 했다. 구경을 끝내고 마지막으로 영상 체험관으로 향했다. 12시가 상영시간인데 5분 전이었다. 그런데 이 양반이 없다. 그의 남편은 애가 타는지 마누라를 찾아다니고, 나는 될 대로 되라는 심정으로 털썩 좌석에 주저앉는다.

커다란 문어며 상어가 눈앞에서 오락가락하는 걸 보고 있는데 언제 왔는지 그가 내 옆에 앉아 있다. 안경도 없이 입체 영상을 보면서 애들처럼 소리를 지른다. 영상을 보고 나와서도 뭘 하는지 시종 기다리게 하고, 출발하려면 화장실에 가고…. 대책 없는 사람한테 이제는 화도 안 난다.

오는 길에 드라마, '그대 그리고 나'의 촬영 장소인 영덕에서 점심을 먹기로 했다. 거기서는 굳이 자기가 아는 집을 가야된다고 고집을 피운다. 저 여인을 누가 말리랴. 지친 몸으로 자리에 앉아서 보니 수족관에 있는 대게를, 거짓말 좀 보태서 전부 다 끄집어낸다.

이건 다리가 부러져서 안 되고, 저건 작아서 안 되고…, 까다롭기가 한정 없다. 주인도 참는 모습이 역력하다. 그리곤 두 마리를 골라낸다. 좌우지간 대게를 찬 삼아 밥을 두 그릇이나 먹어 치우더니 차를 타자마자 쿨쿨 잔다.

얼마를 달렸을까. 나도 깜박 잠이 들었는데, 갑자기 배가 아프니 화장실엘 가야된다고 난리다. 비는 줄기차게 오고, 국도라 휴게실은 없고, 할 수 없이 주유소에 들렀다. 자동차 기름도 많이 있는데 꾹꾹 눌러 주유를 하고 화장실에 내려 주었더니 휴지가 없다고 또 난리다. 휴지까지 대령을 했다.

그들 부부를 내려주고 돌아오는 길, 죄 없는 남편한테 애먼 타박을 퍼붓는다. '내 차로 태워가면서 내내 기다려야 되고, 우리가 5분 대기조냐, 무슨 바보 같은 짓이냐. 순진한 건지, 사람을 우습게보고 조롱하는 건지, 인내심 테스트하는 건지 모르겠다. 이게 놀러 가는 거냐, 앞으로 절대 가나 봐라….' 할 소리 못 할 소리, 그에게 퍼붓고 싶었던 말을 남편을 향해 따발총처럼 쏘아댄다.

그런데 아직 끝이 아니었다. 집에 와서 좀 쉬려고 하니 따르릉 전화가 걸려온다.

“자기, 집에 들어갔어?”

“아, 네에.”

“자기랑 가니 참 재밌더라. 담에 또 같이 가자.”

‘으악!’

그럼에도 불구하고, 우리의 여행은 그 후 수년간 계속되었다. 그리고 지금은 그것마저 온통 그리움이 되었다.

피서지에서 생긴 일

여름이 제 몫을 다 합니다. 무지하게 덥습니다. 우리 집 반려견 석희도 더위를 먹었는지, 화장실 타일바닥에 철퍼덕 누워서 나올 생각을 않습니다. 이 염천에 털옷까지 입고 있으니 얼마나 더울까 싶어 내버려 두기로 했습니다.

아침부터 매미는 왜 저리 울어 대는지. 창문에 찰싹 달라붙어서는 악에 받친 듯이 울어 재낍니다. 하긴, 길고 어두운 시간을 견디고 세상에 왔는데 고작 며칠을 살고 가야한다니 악에 받칠 만도 합니다. 매미 소리 때문에 더 덥게 느껴지네요.

푸른 바다가 생각납니다. 눈부신 여름바다, 끝없는 수평선, 햇볕에 달구어진 모래사장, 밤이면 모닥불을 지펴 캠프파이어를 하며 부르던 노래들…. '별이 쏟아지는 해변으로 가요~, 해변으로 가요~~' 지난시절 내 삶에 적어놓은 바다의 이야기들이 떠오릅니다. 40년, 그 무연한 세월을 거슬러 올라가야겠네요. 한창 꽃다운 나이 20대 초반 무렵이었지 싶습니다.

저를 포함한 여자 다섯이 남해 상주바다로 피서를 갔습니다. 자가용이 있기를 하나, 길이 좋기를 하나. 먼지가 풀풀 나는 비포장 자갈길로 무거운 배낭을 걸머지고 떠났지요. 삐질삐질 땀을 흘리며 하루 중 반은 버스를 타고, 반은 버스를 기다리면서도 한껏 들떴습니다. 휴가가 아니라 고행의 길이었는데 무어 그리 신이 났던지. 지금 같으면 돈을 준다고 해도 안 갈 텐데, 없는 돈에 한 가랑이에 두 다리 끼고 갔더랬습니다.

부산의 그 많은 해수욕장을 두고 멀리 상주까지 왜 갔을까요. 그건 보나마나 젊음이라는 든든한 빽이 있었기 때문이겠지요. 무엇을 해도 두렵지 않고 무엇을 해도 이해 받을 수 있는 것이 젊음이라는 청춘의 특권이니까요. 속되게 말하자면 지랄용천이죠. 하긴, 용천湧泉에 기가 살아 펄펄 할 때니 넘쳐

나는 에너지로 어딘들 못 갔을까요.

이건 순전히 제 생각이지만요. 말馬만한 여자 다섯이, 그것도 저를 제외하고는 다들 글래머러스한 여자들이 뜨니 상주가 들썩 했지요. 비키니가 유행하던 시절이라 한 친구만 빼고 모두 비키니 차림으로 해변을 돌아다녔습니다.

당연히 남자들의 작업이 들어왔지요. 우리는 그 중 우리처럼 남자 여섯이 온 팀을 골라잡았습니다. 자기들 말로는 서울 모 유명 대학에 다니는 학생들이라 하더라고요. 거짓말인지도 모르지요. 어차피 확인할 수 없는 일이니까요. 모르는 사람에겐 더러 부풀려 말하기도 하잖아요. 제 눈엔 그다지 멋져 보이진 않았습니다.

우리 일행 중 기타를 잘 치는 친구가 있었어요. 밤엔 둘러앉아 캠프파이어를 하며 노래도 불러가며 신나게 놀았습니다. 다음날 오전엔 햇볕이 뜨거워 물속을 첨벙거리며 보냈고, 오후에는 그 남자들을 다시 만나 해안 끝에 있는 바위섬에 고동을 따러 갔습니다.

갈 때는 발목에 물이 찰랑찰랑 감길 정도라 슬리퍼를 신었는데, 돌에 붙어있는 고동도 따고 게도 잡느라고 시간 가는 줄 모르고 엎드려 있었더니 어느 새 물이 종아리까지 올라오더라고요. 누군가 물이 들어온다며 나가자고 했습니다. 조금만, 조금만 하다 보니 금방 무릎까지 잠기더군요. 그때서야 겁이 나더라고요. 해도 설핏 넘어가고 있어 돌아가야겠다는 생각이 들더군요. 그런데 뒤돌아보았더니 우리가 걸어온 바닷길이 사라지고 없는 게 아닙니까. 순식간에 물이 들어왔던 것이죠.

갑자기 마음이 조급해졌습니다. 그러나 마음과 달리 걸음이 잘 안 걸어지더군요. 물은 빠른 속도로 밀려와 허벅지를 적시고 허리를 감는가 싶더니 이내 가슴까지 올라오고 있었습니다. 두려웠습니다. 해안으로 자꾸 떠밀리다보니 발밑이 돌밭이더군요. 이미 슬리퍼는 어디서 벗겨졌는지 모르겠고, 걷기도 용이하지 않았습니다. 물의 힘이 얼마나 대단한지를 실감하는 순간이었죠.

컴컴한 어둠속에서 모두 침묵했습니다. 정적은 또 다른 두려움을 몰고 왔습니다. 이렇게 죽을 수도 있겠구나 싶더구먼요. 어떡하든 빠져나가야 된다는 생각만 들었습니다. 죽고 싶다고, 가끔 우울하거나 절망적일 때 가볍게 뱉어냈던 그 말이 순전히 거짓이라는 걸 알았습니다. 그 후론 죽고 싶다는 말은 살고 싶다의 동의어라고 생각하게 되었답니다.

죽을둥살둥 걸었습니다. 얼마나 시간이 흘렀을까요. 멀리만 보이던 민박집의 불빛이 가까워지면서 발밑도 부드러워졌습니다. 아침에 뛰어 놀던 백사장에 드디어 도착을 한 것이지요. 이제 살았다 생각하니 저절로 안도의 한숨이 새어 나왔습니다.

민박집에 와서 한숨 돌리고서야 발바닥이 불에 덴 듯 아프더군요. 오마나, 발바닥에 회를 쳐놓았더라고요. 그래도 살아 돌아온 게 어딥니까. 그쯤이야 쾌히 감수해야지요. 여차했다간 시집도 못가고 처녀귀신 될 뻔했는데요. 그것도 물귀신요.

그렇게 죽을 고비를 넘긴 다음날 아침, 다시 바다에 나갔지요. 지난밤 우리를 집어삼킬 것 같던 시커먼 바다는 멀찌감치 밀려가고, 모래사장은 다림질이라도 해 놓은 듯 매끈하더구먼요. 작은 게들만 무리지어 기어 다니고 있었습니다. 퐁퐁 구멍이 난 곳에 손가락을 집어넣으면 바지락이니 맛조개가 얌전히 들앉았더라고요. 평화로웠지요. 생사를 저울질해야 했던 지난밤의 흔적은 어디에도 없었습니다. 참 의뭉스러운 바다였습니다. 그렇게 사람을 잡도리 해놓고선 안 그런 척 모르는 척, '햇볕은 쨍쨍 모래알은 반짝' 빛나고 있었습니다.

쓸쓸함을 위한 묵상

6월은 봄도 아니요, 여름도 아닌 계절이다. 푸르게 물들어 가는 세상이 싱그럽긴 하지만, '잔인한 4월' 이니 '계절의 여왕' 이니 하는 달착지근하고 화려한 수식어도 없다. 좋게 말하면 무던한 달이고, 나쁘게 말하면 나른해지고 무미건조한 달이다. 그저 연둣빛 여린 잎들이 말없이 초록으로 짙어갈 뿐이다.

게다가 6월의 오후 4시는 어중간한 시간이다. 하루를 시작하는 마음을 준비하기엔 너무 늦어 버렸고, 하루의 마무리를 생각하기엔 너무 이르다. 이 시간쯤 되면 직장에서 일 하는 사람이나 집에서 살림을 하는 사람이나 약간은 심심하고 지루해진다. 긴장감이 해체되는 시간, 언제부턴가 나는 이 시간을 쓸쓸함을 위한 묵상의 시간이라고 칭하기로 했다.

나는 지금 이삿짐을 정리하는 중이다. 쓸쓸하지 않아도 쓸쓸해지는 6월의 오후 4시 즈음이다. 결혼 36년차인 나는 이사 경력이 무려 24번이다. 복부인도 아니건만, 어찌된 연유인지 한 곳에 오래 머물지 못하고 수 없이 옮겨 다녔다.

처음엔 새로운 곳에 대한 기대와 설렘도 있었다. 그러나 그것도 한두 번. 점차 헤어짐에 무뎌지고 새로운 곳에 대한 환상도 없어졌다. 이사에 대해 특별한 감회 같은 것도 생기지 않는다. 그저 이사라면 눈을 감고라도 할 만큼 이골이 난 정도다. 남의 집을 전전할 때는 간혹 서럽거나 약간의 비애감이 들곤 했지만, 지금은 시간이 가면 다 정리되어 있으려니 한다. 이번에는 도와주마고 하는 언니의 호의도 거절했다.

마음과는 달리 이사는 역시 고단한 작업이다. 짐을 정리하는 시간보다 쉬어야 하는 시간이 더 많다. 살던 집보다 더 좁은, 새 집은 치우고 치워도 끝이 없다. 여름이 시작되는 계절이라 그런지 더위조차 기승을 부린다. 조금만 움직이면 땀이 줄줄 흘러내린다. 지치고 싫증이 난 나는 의자에 앉아 무심한

눈으로 창밖을 바라보고 있다.

맞은편 골목에는 큰 식당 두 개가 나란하게 등을 보이고, 그 옆엔 고물상이 있다. 아무렇게나 던져 놓은 스테인리스 재질의 고물들이 햇볕을 받아 보물처럼 번쩍인다. 그 귀퉁이엔 조잡하게 써 놓은 '추어탕'이라는 글씨를 업은 문짝이, 얼기설기 엮어 놓은 가건물의 중간에 삐뚜름하게 걸쳐졌다. 피곤한 탓인지, 흔히 볼 수 있는 도시의 풍경이 유난히 눈에 들어온다. 허무해 보인다 할까, 슬퍼 보인다 할까. 묘한 분위기를 연출하고 있다.

세상은 더없이 고요하다. 거리는 침묵 속에 잠겨 있고, 오후 4시의 풀기 가신 햇살이 빈 골목을 게으르게 어정거리고 있다. 인적마저 드물어 적요의 그림자는 점점 더 짙어지는 중이다.

익숙지 않은 곳에서 만나는 고요가 익숙하고 편안하다. 오래 잊어버리고 있었던 옛 친구를 만난 듯도 하고, 또 다른 나 자신을 만난 것 같기도 하다. 근래에 느껴보지 못했던 기분이다. 다소는 헐렁해진 내 안에서 지나간 시간이 무성영화처럼 상영된다.

10여 년 전, 나는 점점 진행하는 난치병 환자라는 호칭을

얻게 되었다. 그로 인해 내 삶의 많은 부분이 달라졌다. 아니, 피폐해졌다는 게 맞겠다.

처음엔 그 소리가 크게 울림을 주지 않았다. 얼떨결에 선고를 받고 병원 문을 나섰는데 환한 햇볕을 마주하는 순간 갑자기 다리에 힘이 쑥 빠지며 쓸쓸함이 밀물처럼 나를 들이쳤다. 허한 마음으로 하늘을 올려다보았다. 움직일 수 없는, 어떤 고착화된 현실 앞에서 아무런 힘도 발휘할 수 없는 인간의 한계 상황이 주는 슬픔이 나를 엄습했다고 할까.

사람들과 어울리며 지냈던 시간과 이별을 하고, 울산으로 삶의 터전을 옮겼다. 겉으로는 아무런 내색 없이 지냈지만, 진행성이란 의사의 말이 항상 귓가에 매달려 있었다. 미래를 꿈꿀 수 없는 상황. 다들 풍성하게 수확들 하는데 나만 추수 끝난 빈 들판에 선 듯 쓸쓸했다.

그 속에서 헤어나야 했다. 벗 삼아 함께 즐기던 운동이나 동우회 활동을 접고 혼자서 산으로 공원으로 많이 돌아다녔다. 홀로 운동하고 기도하는 묵상의 시간이 늘어났다. 외부로 향했던 나의 시선이 나를 주시하게 되었다. 병에 잠식당하지 않으려는 결의를 다지고, 내 속에 침잠하며 사색을 했다. 병은 끝없이 나를 돌아보는 계기가 되어 주었다.

그것은 결코 헛된 시간이 아니었다. 나를 성장케 하고 성숙케 해주는 가치 있는 시간이었다. 모든 사물과 살아있는 모든 것엔 다 그 나름의 의미가 있다는 것을 알게 되었고, 쓸쓸함이야말로 인간이 느낄 수 있는 가장 원초적인 감정이라는 것을 체감할 수 있었으므로.

그 후 다시 부산으로 이사를 하게 되었고, 내가 오랫동안 살았던 도시에서 많은 친구와 만나 내가 좋아하는 일을 하며 쓸쓸함을 잊어버렸다. 아니, 애써 외면해 버렸는지 모른다. 그렇게 5년이라는 시간이 흘렀다. 그리고 이 6월에 또다시 그 예전의 쓸쓸함과 조우를 하게 된 셈이다.

저물어가는 나이에 맞는 쓸쓸함에는 어떤 것이 있을까. 그것이 무엇이든, 나는 두려워하지 않고 받아들일 것이다. 피한다고 해서 마냥 피해지지는 않을 것이기에 즐겨보리라 마음을 추스른다. 이제와 새삼 두려울 게 무어 그리 있을 것인가. 창밖을 보고 앉아 쓸쓸함을 위한 묵상에 잠긴다.

어둠이 서서히 내려와 안개처럼 깔린다. 순간 전화벨 소리가 요란하게 어둠을 걷어낸다. 글 한 편 써 달라는 청탁이다. 글을 써야겠다. 제목을 무엇으로 할까. 그래, '쓸쓸함을 위한 묵상'이라고 하자.

어떤 공포

제가 잠깐 부산 서동이란 곳에서 살 때의 얘기입니다. 그리 오래되지는 않았지만, 제가 체험한 이상한 공포에 대한 기억이라 한 번 옮겨봅니다.

해질녘이었습니다. 그날따라 구름이 조금 껴있어 일찌감치 저녁을 먹고 남편과 산책을 나갔습니다. 애초에 남편의 보폭을 따라 잡을 수 없는데다가, 자꾸만 앞으로 엎어질 것만 같아 저는 아주 천천히 걸음을 뗐습니다. 편하게 산책할만한 곳이 마땅치 않아 대로변을 따라서 걷고 있었지요.

마침 맞은편에 약간의 숲이 보이더군요. 길을 건너고 보니 그곳은 작은 공원이었습니다. 중간 중간에 벤치와 운동기구까지 놓여있더라고요. 몇몇 사람들은 운동 중이고, 벤치엔 웬 남자가 통화를 하고 있는, 딱히 이상할 것이 없는 일상적인 풍경이었습니다. 그런데 그날따라 분위기가 조금 음습하게 느껴졌습니다. 저녁의 으스름은 몽환적인 실루엣으로 다가왔고, 그것은 영화의 한 장면처럼 약간의 공포감을 주었습니다.

하긴, 전 어릴 때부터 겁이 많았습니다. 친구들이랑 쑥을 캐러 가면 하늘엔 으레 솔개가 큰 날개를 펼치며 날곤 했죠. 어른들은 솔개가 병아리도 채어가고 어린애도 채어간다고들 말을 했습니다. 저는 무서워서 언덕 밑에 숨기가 일쑤였는데, 그런 날 저녁이면 꼭 꿈을 꾸곤 고함을 지르며 일어났습니다. 그럴 때마다 엄마는 옆방에 계시지도 않는 아버지를 불러보라고 해서 '아버지, 아버지' 하고 부르곤 했습니다. 엄마는 그런 저를 보고 '저렇게 심약해서 이 험한 세상을 어찌 살겠노?' 하며 걱정하곤 했지요.

공원을 지나 긴 담벼락이 이어져 있었는데 우린 담장 끝까지 가보기로 했습니다. 아마도 정수장 담장이었지 싶었습니다. 인적이 끊기다시피 한 그곳은 괴괴하기까지 했습니다.

순간, 무서움증이 도졌습니다. 오래 전 솔개를 보았던 날처럼요. 온갖 나쁜 상상이 머릿속을 채우더군요. 영화에서 본 장면들이 생생하게 떠올랐습니다. 뒤에서 누군가가 갑자기 쇠뭉치로 남편을 치고, 나는 입이 막힌 채 어디론가 끌려가는…, 정말이지 끔찍한 상상에 사로잡혔지요.

앞에서 남녀 한 쌍이 걸어오고 있었습니다. 저도 모르게 걸음이 빨라지기 시작했습니다. 그렇게 무겁던 두 발이 어찌 그리 날래던지. 내가 나 같지 않더라고요.

싱겁게도, 그 두 사람은 막대사탕을 입에 물고 있었습니다. 깔깔거리며 그냥 제 곁을 지나가더라고요. 왜 갑자기 그렇게 빨리 걷느냐는 남편의 말을 귓등으로 흘리며 잰 걸음으로 신작로까지 나왔습니다. 환한 불빛을 마주하고서야 안심이 되었습니다. 참 이상한 경험이었습니다. 원래 겁이 많은 편이긴 하지만 그 정도까지는 아니었는데 왜 갑자기 그런 기분이 들었는지. 그 공포심은 수술 5년이 된 지금도 가끔씩 나를 찾아옵니다.

그런데 오늘 펜을 든 이유는 따로 있습니다. 뜬금없는 공포심보다도 제 몸의 상태가 너무 신기해서지요. 제가 무서움을 느낀 그 순간 제 몸은 정말 놀랍게도 정상이었습니다. 허리도 쫘악 펴지고 걸음걸이도 똑바르고, 그간 숨죽이고 있던 몸의 기능들이 일제히 살아난 듯 했습니다. 그토록 오래 내 숨통을 조여오던 병이 혹시 오진이었던 건 아닐까 싶어질 정도였습니다. 병을 앓은 지 15년도 더 지났고, 힘든 수술까지 한 마당에 무슨 되지 않는 상상이냐며 고개를 젓고 말았지만요.

위급한 상황에 놓이면 초인적인 힘이 생긴다고들 하지요. 그러나 도파민이 부족한 저희 환자에겐 있을 수 없는 일이라 생각했는데, 그렇지만도 않은 모양이었습니다. 그래서 결심을 했습니다. 약을 줄이고 정신력으로 버텨봐야겠다고. 약을 적게 먹어야 될 이유는 너무나 많습니다. 머리가 맑아지고 불수의도 줄고, 고가의 뇌심부 자극수술까지 했으니 기기를 충분히 활용해야지요.

어느 날 약을 안 먹고 지내보았는데 놀랍게도 전혀 아픈 곳이 없고 걸음도 반듯하고 무엇보다도 표정관리가 되어 좋았습니다. 자신의 표정을 지을 수 없다는 것, 자신의 감정을 얼굴에 담아 낼 수 없다는 것이 얼마나 사람을 위축시키는지 경험해보지 않은 사람은 모를 겁니다. 저는 그 부분이 파킨슨씨병의 가장 큰 문제점이라 생각합니다.

그 후 약을 줄여먹었는데 확실히 머리는 맑고 좋았습니다.

그러나 몸 상태는 매우 좋지 못했습니다. 지금 제 증상은 심한 변비와 균형을 잃어버린 걸음걸이(사실 세 번이나 엎어졌음), 그리고 허리통증과 언어능력 저하입니다. 게다가 가만히 있으면 다리가 덜덜 흔들리면서 찾아오는, 이상감각 증상이랄까, 몸에 전체적으로 힘이 없다는 것입니다. 때로 이유없이 안절부절 못하는 경우도 있고요. 머리와 몸이 따로국밥처럼 겉도니 어느 장단에 춤을 추어야 내가 평안할는지. 결국 정답을 찾지 못한 채 다시 최소한의 약으로 돌아가기로 했습니다.

수술하기 전, 제겐 아무런 희망이 없었습니다. 이 병으로 죽어지지 않는다는 사실이 제겐 참으로 고통스러웠습니다. 매일 병원에 전화해서 읍소를 했지요. 결국 수술이라는 어려운 과정을 거쳐 이 정도에 이르렀습니다.

그 고통에 비하면 지금 제 상태는 매우 좋다고들 합니다. 내 몸에 심어놓은 기기의 전압만 잘 맞으면 더 좋으리라 생각합니다만 그걸 맞추기가 몹시 힘듭니다. 어쩌면 이 정도에서 만족해야 하는 건지도 모르겠습니다. 그러나 욕심이라는 것이 그리 쉬 접히는 것인가요. 말 타면 경마 잡히고 싶다더니 제가 그런가 봅니다.

애면글면하던 마음을 추스르고 기도를 합니다.

'신이시여, 저를 위태롭게 하지 마옵시고, 저로 인하여 야기될 수도 있는 모든 문제점에서 담대하게 하시고, 저를 평안하게 하시옵소서.'

약, 꽃으로 피다

초판1쇄 발행 2023년 7월 20일

지 은 이 서영희
펴 낸 이 이길안
펴 낸 곳 세종출판사

주소 부산광역시 중구 흑교로 71번길 12 (보수동2가)
전화 051－463－5898, 253－2213~5
팩스 051－248－4880
전자우편 sjpl5898@daum.net
출판등록 제02-01-96

ISBN 979-11-5979-595-4 03810

값 13,000원

부산광역시 BUSAN METROPOLITAN CITY 부산문화재단 BUSAN CULTURAL FOUNDATION
본 도서는 2023년 부산광역시, 부산문화재단 부산문화예술지원사업으로 지원을 받았습니다.